DICTIONNAIRE
DE DROIT PÉNAL CANONIQUE

Religions et Spiritualité

fondée par Richard Moreau,
Professeur émérite à l'Université de Paris XII
dirigée par Gilles-Marie Moreau

La collection « Religions et Spiritualité » est généraliste et publie des ouvrages qui concernent tous les grands courants religieux : christianisme (catholicisme, orthodoxie, protestantisme), mais aussi bouddhisme, islam, judaïsme...

Elle couvre différentes disciplines : théologie, histoire, spiritualité, droit canon, essais et témoignages.

À travers la multiplicité des approches et des styles, elle souhaite étudier le fait religieux aussi bien sur le temps long qu'autour des débats les plus actuels.

Dernières parutions

Mohamed KHOUTOUL, *Bienveillance, Au cœur de la vie et du sacré*, 2024.

Jean-Claude MULEKYA KINOMBE, *Catholique, malgré tout ! De la logique de la foule à la logique des disciples,* 2024.

Raphael Mukendi Kadima, *La protection juridique de la vocation à la vie religieuse à la lumière du Canon 700*, 2024.

Ulrich TCHICAYA (dir.), *Les Actes de la paroisse de l'Immaculée Conception. Onze témoins contemporains du Christ ressuscité*, 2024.

Giscard Kevin DESSINGA, *Dieu… et après ? La foi à l'épreuve de la précarité en Afrique,* 2024.

Giscard Kevin DESSINGA, *Humaniser la vie consacrée. De la grâce des origines à la rareté des vocations aujourd'hui,* 2024.

Marina Copsidas, *Le Christ Pantocrator*, *Nouvelle édition*, 2024.

Elisabeth SMADJA, *L'Esprit saint de la Torah aux Evangiles. Dans le souffle hébraïque de son nom*, 2024.

Gérard LAMBIN, *Les Hyperboréens, Du mythe à l'histoire,* 2023.

Joël HILLION, *Qui dit-on que je suis ? Le mystère Jésus*, 2023.

Sylvestre BOKWANGA MOLAKU

DICTIONNAIRE DE DROIT PÉNAL CANONIQUE

Préface de Mgr Philibert TEMBO LANDU, CICM

L'Harmattan

Imprimi potest

Prof. Frédéric INGETSI
Doyen honoraire de la Faculté de Droit Canonique
de l'Université Catholique du Congo

5-7, rue de l'École polytechnique, 75005 Paris

www.harmattan.fr

ISBN : 978-2-336-46004-8
EAN : 9782336460048

PRÉFACE

Le dictionnaire que j'ai l'honneur de préfacer est l'œuvre du Professeur Sylvestre BOKWANGA MOLAKU, prêtre du Diocèse de BUDJALA et enseignant à la Faculté de droit canonique de l'Université Catholique du Congo.

Lorsqu'il m'a demandé ce service, je dois dire que j'étais très flatté d'abord parce que l'auteur, qui est mon prêtre, m'a fait le privilège de me compter parmi ses premiers lecteurs, ensuite parce que je souscris à l'objectif poursuivi lorsqu'il écrit : « voilà pourquoi nous est venue l'idée d'écrire et de publier un petit dictionnaire de droit pénal et processuel canoniques, première d'une série de recherches dont le but poursuivi est de mettre, comme nous l'espérons, la science canonique à la portée des chercheurs, des étudiants, bref de ceux qui s'adonnent à la science canonique». Un peu plus loin, il continue : « certes, le code de droit canonique n'est pas « un manuel de scholastique » ;

cependant, il faudrait que les canonistes, grâce à leurs travaux, le rendent accessible à tous, car la loi de l'Eglise doit être connue ». Cette préoccupation, avait été soulevée, en son temps, par l'Apôtre des gentils, en rapport avec l'annonce kérygmatique. Saint Paul écrit : « mais comment l'invoquer sans d'abord croire en lui ? Et comment croire sans d'abord l'entendre ? Et comment entendre sans quelqu'un qui proclame ? » (Rm 10,14)

L'annonce kérygmatique est le préalable nécessaire pour connaitre Jésus-Christ.C'est dans ce sens que l'on peut comprendre les prescrits de l'article 62 de la Constitution de la République Démocratique du Congo en rapport avec l'un des devoirs du citoyen congolais et qui stipule ceci : « nul n'est censé ignorer la loi ».
En effet, avant sa promulgation, c'est le peuple congolais qui a approuvé, par voie référendaire du 18 au 19decembre 2005, la Constitution du 18/02/2006. Voilà pourquoi, la loi est expression de la volonté générale.

Ce dictionnaire s'inscrit dans le cadre de **Recherches africaines de droit canonique**, collection publiée par la faculté de droit canonique de l'Université Catholique du Congo. Quel serait alors son mérite ? Je crois qu'il peut être circonscrit dans ces mots de Dénis

DIDEROT : « je distingue deux moyens de cultiver les sciences : l'un d'augmenter la masse des découvertes et c'est ainsi qu'on mérite le nom d'inventeur ; l'autre de rapprocher les découvertes et de les ordonner entre elles, afin que plus d'hommes soient éclairés, et que chacun participe, selon sa portée, à la lumière de son siècle » (Encyclopedia Universalis, vol 1,1).

Je présente mes vives félicitations à l'auteur pour cette initiative en lui recommandant de travailler toujours dans le sens de ma devise épiscopale : « Duc in altum »

+ Philibert TEMBO LANDU, CICM

Evêque de Budjala

Introduction

Professeur de droit canonique depuis 1993 au Grand Séminaire Saints Pierre et Paul de Lisala, nous avons été, dès le début, confronté au problème des sources. Notre bibliothèque ne contenait que quelques manuels sur le droit canonique, en rapport d'ailleurs avec le vieux code. A côté de ce manque de renouvellement de la bibliothèque, c'est-à-dire de sa mise à jour, s'ajoutait la difficulté qu'éprouvaient les étudiants à se procurer des publications relatives à la science en question, du fait d'une certaine pauvreté financière effective.

La bibliothèque de l'Université Catholique du Congo où nous dispensons des enseignements, connait également de difficultés de ce genre ; il suffit pour s'en rendre compte, de consulter les rayons réservés au droit canonique. Cela ne facilite pas le travail d'un enseignant, ni celui d'un étudiant.

Voilà pourquoi nous est venue l'idée d'écrire et de publier un Petit dictionnaire de droit pénal et processuel canoniques, une première d'une série de recherches dont le but poursuivi est de mettre, comme nous l'espérons, la science canonique, à la portée des chercheurs, des étudiants, bref de ceux qui s'adonnent à la loi ecclésiastique.

Publier un dictionnaire semble une tâche périlleuse, mais exaltante. En effet, depuis la publication du nouveau code de droit canonique, l'impression qui se dégage, en lisant les travaux des canonistes, est que ceux-ci ne semblent pas s'inscrire dans la logique des anciens pour produire des œuvres classiques comme furent le Dictionnaire de droit canonique ou encore le traité de droit canonique publiés sous la direction de Raoul Naz.

Certes, le code de droit canonique n'est pas « un manuel de scholastique » ; cependant, il faudrait que les canonistes, grâce à leurs travaux, le rendent accessible à tous, car la loi de l'Eglise doit être connue.

Il y a peut-être une explication à cela. En effet, préfaçant le « Petit dictionnaire de droit canonique » de Jean WERCKMEISTER, Jean GAUDEMET écrit : « fixer les mots, n'est-ce pas les trahir ? Les notions évoluent, les termes ont parfois des portées différentes selon les familles religieuses qui en font usage » ou encore « Un dictionnaire, photographie figée d'une vie dont les mots sont porteurs ». Pourtant, le canon 17 dispose : « les lois ecclésiastiques doivent être comprises selon le sens propre des mots dans le texte et le contexte ; si le sens demeure douteux et obscur, il faut recourir aux lieux parallèles s'il n'y en, à la fin et aux circonstances de la loi, et à l'esprit du législateur ». Selon ce canon, l'on ne peut tenter d'interpréter une loi sans comprendre les mots qui la composent, étant donné que la loi se construit à travers une série de mots.

L'interprétation doit donc tenir compte du sens propre et non métaphorique des mots, de leurs environnements immédiats des mots dans la phrase, de la phrase dans le paragraphe, du paragraphe dans le canon… bref, il faut tenir compte des principes du canon 17.

Il est vrai que les mots évoluent, cela étant, « toute loi suppose un minimum d'adaptation sociologique à un environnement qui est souvent déterminant pour sa formulation ». Et pour éviter que les lois ne finissent par devenir inadaptées, inopportunes, voire inutiles ; il faut donc, du fait de l'évolution de la société, tenir compte des circonstances, malgré le caractère stable, voire perpétuel de lois.

Et puisque, de par sa nature, la loi exprime la volonté générale, il est tout aussi nécessaire que les mots soient fixés afin de permettre à ses destinataires d'en saisir le sens et la signification. Qu'on le veuille ou non, les mots se situent dans le cadre du conventionnel. Voilà pourquoi, les dictionnaires permettent de comprendre et de saisir l'évolution des mots ; dans ce sens, ils constituent, pour tout savant ou chercheur, des lieux de référence par excellence.

De ce qui précède, l'intérêt que présente cette publication, au-delà de ce qui est dit ci-haut, consiste dans le fait qu'elle circonscrit deux domaines particuliers : le pénal et le processuel et qui, à notre sens, n'ont pas encore fait l'objet d'une étude particulière. Toutefois, malgré cette circonscription, la plupart de mots utilisés intéressent aussi d'autres livres du code.

Je remercie sincèrement les Professeurs Jean-Félix MOLE et Baudouin MUKABI qui ont accepté de lire ce travail et pour leurs observations pertinentes. Ma gratitude à notre Assistant Faustin AGENOCAN pour sa contribution précieuse à la finition de cet ouvrage. Merci de tout cœur à nos opérateurs de saisie, Madame Anthô MANDEFU et Toussaint MULEBU. *Ad majorem Dei gloriam* !

A

Abrogation n.f. - Suppression totale de la loi.

Absence n.f. - Forme de renonciation à l'exercice du droit de se défendre ou à soutenir l'instance engagée. C'est une attitude passive du défendeur qui ne répond pas à la citation du juge et n'explique pas sa défaillance. Dans l'actuel droit, la non-comparution en justice est simplement considérée comme une absence.

Absolu, adj., Sans restriction aucune ; sans limites.

Absolution n.f. - Le fait de dénouer d'un lien, d'une obligation. Acquittement du prévenu ou du coupable. Elle peut être judiciaire ou sacramentelle. C'est une des manières d'extinction (remise) des peines médicinales qui suppose l'intervention de l'autorité compétente. C'est l'absolution judiciaire.

Absolution du complice d'un péché contre le sixième commandement du décalogue : Délit dans l'exercice des charges ecclésiastiques puni par l'excommunication latae sententiae réservée au Siège apostolique. L'absolution est invalide.

Absorption, n.f. - espèce de fusion.

Absorption juridique - Lorsque la peine correspondant au délit le plus important absorbe celles des délits de moindre importance.

Abstention, n.f.- non-exercice d'un droit ou d'une fonction ; non-exécution d'un devoir.

Abus, n.m.- Usage excessif d'une prérogative juridique. Exploitation outrancière d'une situation de fait.

Abus d'autorité - Divers délits commis par un fonctionnaire dans l'exercice de ses fonctions. Contrainte morale prenant appui sur une autorité de fait ou de droit, exercée sur une personne, pour l'amener à accomplir un acte juridique ou non.

Abus de faiblesse - Exploitation de l'état d'ignorance, de vulnérabilité psychologique ou physique d'une personne pour l'amener à prendre des engagements dont elle n'est pas capable d'apprécier la portée.

Abus de pouvoir - Délit qui comprend tous les actes arbitraires commis délibérément par celui qui est revêtu d'un pouvoir ou d'une charge.

Accident, n.m.- Evénement ou fait involontaire dommageable imprévu.

Accord, n.m. - Rencontre de deux volontés ; convention, assentiment donné à une proposition, entente.

Accumulation des peines- quand l'on inflige autant de peines qu'il y a des délits (cas des peines latae sententiae). Elle est matérielle.

Accumulation juridique - Lorsque l'on applique les peines correspondant à tous les délits, en les adoucissant ou que l'on applique la peine du délit principal en y ajoutant des peines légères qu'exigent le reste des délits.

Accusation, n.f.- 1) Reproche fait à une personne d'avoir commis une faute. 2) Délit dont la victime présumée ou une autre personne, soutient qu'il a eu lieu, selon ce qui résulte de l'enquête préliminaire. 3) *Présenter l'accusation* : faire connaître à l'accusé le délit qu'on lui attribue, selon ce qui le constitue (par exemple, lieu de l'événement, nombre et éventuellement nom des victimes présumées, circonstances, etc.).

Acquittement, v.t.- Décision du tribunal qui met hors de cause un accusé après l'avoir déclaré non coupable ou avoir constaté que le fait retenu contre lui ne tombe pas sous le coup de la loi pénale.

Achat ou acquisition des droits en litige- Contrat illicite par lequel moyennant un versement modique, l'avocat obtient du titulaire d'une chose ou d'un droit controversé, le droit de plaider pour lui, et en cas de succès, de devenir propriétaire de la chose ou du droit.

Acte administratif- Tout acte juridique particulier et unilatéral pris par l'autorité exécutive compétente dans le domaine extrajudiciaire.

Acte humain- Acte qui se produit avec le concours de l'intelligence et de la volonté libre.

Actes judiciaires - Ensemble des actes d'un procès judiciaire, à savoir les actes de la cause et les actes du procès.

Acte juridique- Un acte humain social, légitimement posé et déclaré, auquel la loi reconnait des effets juridiques déterminés qui sont désirés et recherchés par l'agent.

Actes de la cause- Actes judiciaires qui regardent le fond de l'affaire.

Actes du procès - Actes judiciaires qui concernent le déroulement du procès.
Actes de la procédure - Actes qui concernent le déroulement de la procédure.

Acteur n.m. - appelé aussi demandeur ou partie demanderesse, il est le titulaire de l'action ; au sens strict, c'est la personne qui, la première, demande l'application de la loi.

Action n.f. - Droit subjectif d'agir en justice. Tout droit est protégé par une action, c'est-à-dire par la possibilité d'agir en justice pour réclamer le respect du droit en question.

Action conservatoire- Action qui permet de provoquer l'activité judiciaire en vue d'assurer l'intégrité d'une chose ou d'un droit.

Action conventionnelle- Appelée aussi action principale. C'est l'action du demandeur.

Action judiciaire- Faculté reconnue par la loi à chacun pour assurer la protection et la mise en œuvre pratique de ses droits propres au moyen d'un recours au pouvoir judiciaire des tribunaux.

Action criminelle- Procès qui a pour but la poursuite d'un délit en vue de prononcer une peine contre le délinquant.

Action pénale 1 - Fait de notifier et d'imposer une sanction pénale à quelqu'un après la sentence ou le décret condamnatoire. 2 - C'est l'aboutissement de l'action criminelle et qui vise l'application de la peine.

Action en réparation des dommages- Action contentieuse au pénal qui comporte l'obligation de réparer les dommages produits par une action illicite avec dol ou faute.

Actio iudicati- Action en l'exécution de la sentence.

Actio in re- Action qui fait que l'on soit en possession d'une chose et que l'on en tire quelque utilité ou profit. Droits patrimoniaux réels.

Actio in rem- Action où le demandeur vise la protection d'un droit réel (p.ex. propriété, possession). Revendiquer ses droits pour récupérer la chose.

Action pétitoire- Action en revendication dont le but est de protéger la propriété de la chose ou la quasi-propriété d'un droit.

Action personnelle - Droit d'adresser une demande à ceux qui détiennent le pouvoir judiciaire pour qu'ils donnent satisfaction à la demande de protection légitime des droits subjectifs. Etre dédommagé du prix ou obtenir une indemnisation.

Action possessoire - Action qui concerne la simple détention ou possession ou quasi-possession d'un droit. Elle tend soit à acquérir, soit à conserver ou à recouvrer la possession.

Action réelle- C'est comme l'action personnelle, mais ici l'objet de l'action n'est pas un droit, mais une chose.

Action reconventionnelle- Action que le défendeur engage dans le même procès et devant le même juge pour neutraliser, compenser ou diminuer la requête du demandeur. Il faut que cette action ait un lien avec l'action principale du demandeur.

Actor sequitur forum partis conventae- Le demandeur suit le for du convenu. Principe juridique qui détermine le for compétent et selon lequel celui-ci est déterminé par le défendeur et non par le demandeur qui est tenu de s'adresser à un juge compétent par rapport au défendeur.

Ad validitatem,- Expression latine signifiant « pour la validité (d'un acte par exemple)

Adminicule n.m. - Complément de preuve (en parlant du document public, il fait preuve pleine).

Adultère n.m. - Commerce sexuel de l'un des conjoints avec une personne de sexe différent qui n'est pas le conjoint lui-même. Violation du devoir de fidélité, né du mariage. Fait pour un époux d'avoir des relations sexuelles avec une personne autre que son conjoint. Infidélité conjugale.

Affaire, n.f.- Cause soumise au juge.

Affirmation, n.f. - Déclaration par laquelle on assure la vérité d'un fait ou d'un acte ; assertion.

Age, n.m.- pour une personne physique, nombre d'années d'existence (réel ou par référence à la loi, minimum ou maximum) auquel sont attachées certaines conséquences juridiques.

Agir (en justice) - Prendre l'initiative de former une demande en justice. Se manifester en justice pour faire valoir une prétention (principale ou incidente), soit comme demandeur, soit comme défendeur.

Agression, n.f.- Attaque brutale, soudaine et non provoquée, injustifiée contre quelqu'un, contre un pays : une femme victime d'une agression.

Agression sexuelle - Toute atteinte sexuelle commise avec violence, contrainte, menace ou surprise.

Aide Judiciaire - Droit qui implique le devoir réciproque des tribunaux sollicités, auxquels il appartiendra d'exécuter les commissions rogatoires selon les règles processuelles établies dans chaque cas. Elle s'appuie autant sur la limitation territoriale du pouvoir des tribunaux que sur les inconvénients que supposerait le fait que les témoins par exemple devraient se déplacer pour se rendre auprès du tribunal qui instruit la cause.

Ajournement, n.m.- Renvoi à une date ultérieure. Décision par laquelle la juridiction saisie d'un litige décide d'en renvoyer l'instruction ou la solution à une date ultérieure ou pour une durée déterminée. Intervalle de temps ou délai concédé à l'intérieur duquel on peut exécuter des actes de procédure.

Aliénation, n.f.- Opération par laquelle un sujet des droits transmet volontairement à autrui la priorité d'une chose (ou un droit) soit à titre onéreux (vente), soit à titre gratuit (donation), soit entre vifs, soit pour cause de mort (legs), soit à titre particulier (transfert des titres nominatifs), soit à titre universel (legs universel). Une forme de contrat qui consiste à transmettre la propriété de la chose (p.ex. vente). Toute opération qui amoindrit le patrimoine de la personne juridique concernée.

Aliénation sans permission requise : délit qui consiste dans l'omission dolosive ou coupable de l'autorisation requise en cette matière.

Allégation, n.f.- Action d'alléguer, d'affirmer un fait. Enoncé de l'assertion.

Alléguer, v.t.- faire valoir en justice un fait, invoquer un moyen de fait au soutien d'une prétention, que celle-ci émane du demandeur ou du défendeur.

Altération n.f. - Action d'altérer, de changer la nature de quelque chose ou l'état d'une situation. Modification apportée à la substance d'une chose, qui a pour objet de fausser la nature, la destination ou la valeur de cette chose et d'où peut résulter un préjudice.

Amendement n.m. - Terme canonique qui signifie conversion, correction. C'est la finalité des peines médicinales.

Amende n.f. - Sanction ou peine pécuniaire. Faire amende honorable = reconnaître ses torts.

Amentia-Folie complète

Apostasie n.f. - Délit qui consiste dans le rejet total de la foi chrétienne. C'est un délit contre la religion et l'unité de l'Eglise.

Appartenir à une association- S'inscrire, s'affilier à …

Appel n.m. - Moyen ordinaire d'attaquer une sentence valide, mais considérée comme injuste ou causant préjudice. En droit pénal, il a effet suspensif. Attaque des décisions judiciaires par celui qui s'estime injustement lésé par la sentence, adressée au tribunal supérieur pour révoquer en totalité ou en partie cette décision, ou la confirmer s'il l'estime conforme au droit. L'appel peut être principal ou incident. On parle d'appel abandonné si dans les délais prescrits, la partie n'a pas présenté au juge a quo la demande formelle d'appel selon le canon 1630, ou si elle n'a pas poursuivi l'appel devant le juge ad quem selon le canon 1633. On parle aussi de 'renonciation à l'appel' qui a les mêmes effets que l'abandon.

Appelant n.m. Appelé aussi partie appelante. Celui qui interjecte appel.

Arbitrage n.m. - Contrat en vertu duquel les parties en litige entendent soumettre la solution de leur controverse à une ou plusieurs personnes étrangères au litige appelés arbitres. Il s'agit d'un moyen pour éviter le procès.

Argument, n.m.- du verbe latin « arguere » : convaincre, montrer, chercher à prouver. Argument de droit : raisonnement à l'appui d'un moyen de droit ou d'un motif de droit. Argument de fait : élément de preuve ; facteur de conviction tiré de données de fait, de circonstances…

Argumentaire n.m.- liste des arguments à l'appui d'une thèse.

Argumentation, n.f. - Ensemble des arguments de droit ou de fait agencés et développés au soutien d'une thèse.

Assesseur n.m. - Personne dont l'office est de conseiller et non de diriger le procès. Sa présence est requise dans le cas de juge unique.

Assigner v.t. -Appeler, citer quelqu'un en justice.

Appliquer v.t. - Infliger.

Association qui conspire contre l'Eglise- Association dont l'objet propre est d'accomplir des actes subversifs contre l'Eglise. C'est un délit contre les autorités ecclésiastiques et la liberté de l'Eglise.

Attaquer, v.t. - Agir en justice contre une personne. Demander au juge la nullité d'un acte ou s'il s'agit d'un jugement (sentence) la cassation, la rétractation ou la réformation.

Attendus (les) n.m. - Le fait de fonder le décret sur des raisons juridiques comme sur des faits.

Attentat, n.m.- Agression contre des droits ou des intérêts primordiaux. Fait de commettre un ou plusieurs actes de violence de nature à mettre en péril les institutions, les personnages, les mœurs, la pudeur. Synonyme : atteinte.

Attentatoire, adj., - qui porte atteinte à ; préjudiciable ; dommageable.

Attenter v.t. - Violer la loi en posant un acte illégal. attenter un mariage : Délit qui consiste à violer la loi du célibat ecclésiastique en contractant un mariage illégal. C'est un délit contre les obligations spéciales.

Atténuer v.t. - Adoucir, mitiger, infliger une peine moindre que celle qui est prévue.

Audience, n.f.- Séance (publique ou non) d'une juridiction, en général consacrée aux débats et aux plaidoiries, ainsi qu'aux prononcés du juge.

Auditeur n.m. - appelé aussi instructeur. C'est la personne ou le juge désigné pour instruire la cause, c'est-à-dire pour recueillir les preuves et les présenter au juge. Il termine son instruction par un décret.

Audition, n.f. - Action, pour un juge, d'entendre les parties, un témoin, ou un expert…

Augmenter v.t. - Ajouter une peine à celle qui est prévue.

Aveu n. m. - Déclaration de volonté qui annonce que tel fait cesse d'être controversé ou douteux.

Aveu extra judiciaire- aveu en dehors du tribunal.

Aveu judiciaire- aveu dans le tribunal.

Avocat n.m. – Personne qui conseille, défend et assiste les parties dans le procès. Il est un connaisseur du droit.

Avortement n.m. - Interruption de la grossesse, par l'expulsion hors de l'utérus d'un fœtus vivant qui n'est pas en mesure de vivre en dehors de l'utérus. Il peut être spontané (non voulu) ou provoqué c'est-à-dire voulu délibérément. Pour qu'il y ait délit, l'action doit être dolosive et l'effet doit s'ensuivre. C'est un délit contre la vie et la liberté humaines.

B

Bénéfice n.m.- Profit réalisé suite à une activité. Avantage, bienfait tiré de quelque chose. Revenu attaché à un office ecclésiastique. Droit aux revenus de la dotation attachée à un office ecclésiastique. Pour Wernz, le bénéfice est « un office sacré ou spirituel auquel l'autorité ecclésiastique a annexé le droit perpétuel de percevoir les revenus de biens d'Eglise « (Jus decretalium, t. II, 2e part., Rome 1906, p. 3).

Beneplacitum- bon vouloir (ad beneplacitum superioris=au bon vouloir du supérieur. Consentement ou autorisation donné par l'autorité supérieure pour certains actes.

Blasphémer v.t. - Proférer des mots ou commettre des actes avec l'intention de proférer des imprécations ou d'offenser Dieu, soit de façon immédiate, soit par l'offense envers la Sainte Vierge ou les Saints.

Blasphème n.m. - Délit qui consiste à proférer des paroles ou des écrits injurieux pour Dieu ou pour la religion. Les actes ne sont pas pris en considération. C'est un délit contre la religion.

Bestialité n.f. - Perversion dans laquelle les animaux sont pris pour objets sexuels.

Bonnes mœurs - Comprennent le mode de vie (=comportement habituel conforme à la morale commune, ou la règle de conduite (=Ensemble de règles imposées par une certaine morale sociale, reçue en un temps et en un lieu donnés, qui, en parallèle avec l'ordre public (au sein duquel ces mœurs sont parfois englobées), constitue une norme par référence à laquelle les comportements sont appréciés.

C

Calomnie n.f. Accusation fausse, injuste.

Capacité n.f.- Aptitude juridique à jouir d'un droit, à agir ou ester en justice, à poser validement un acte, à exercer un pouvoir, à remplir un office, à recevoir un sacrement, à gérer un patrimoine…

Capacité d'agir– Capacité juridique ou canonique d'exercer ses droits propres selon la loi.

Capacité patrimoniale,- Capacité d'acquérir, de posséder, d'administrer et d'aliéner les biens temporels.

Cas fortuit– Lorsque l'acteur n'a pas pu prévoir ou au moins éviter les effets de son acte. Du point de vue subjectif, il n'y a pas intention dans ce cas, car il n'y a pas de dol ni de faute.

Cause n.f. - cas, affaire ; si la cause est dite « réservée », l'incompétence est absolue. La cause peut être contentieuse (poursuite des droits à revendiquer ou des faits à déclarer) ou pénale (pour infliger une peine). La cause peut être principale (action conventionnelle) ou incidente (cause qui n'étant pas incluse expressément dans la requête, apparaît une fois la procédure mise en route par la citation). La cause incidente doit être résolue immédiatement pour permettre le déroulement du procès.

Caution n.f. - Mieux dire dépôt d'une caution. C'est un moyen ou une mesure efficace, préventive pour garantir le règlement des frais.

Célibat n.m.- Etat de vie de qui n'est pas marié – célibat ecclésiastique : célibat auquel sont engagés, dans l'Eglise latine, les clercs, à l'exception des diacres mariés. Célibat consacré : Le Conseil évangélique de chasteté comporte, pour les membres des instituts religieux ou pour les membres des instituts séculiers ayant fait vœu de chasteté, l'obligation de la continence parfaite dans le célibat. Le vœu public perpétuel prononcé dans un institut religieux constitue un empêchement.

Censure n.f. - Du latin *censere* : dénombrer, recenser, décréter. Ce mot désigne d'abord la charge même d'un magistrat appelé censeur. Il s'agit, en droit canonique, d'une peine appelée aussi peine médicinale dont le but immédiat est fondamentalement de provoquer l'amendement du délinquant. Une censure est infligée ou encourue sans indication de durée car elle dépend uniquement de la contumace du délinquant. Les censures sont au nombre de trois : l'excommunication, l'interdit et le suspense.

Censuré n.m. - Celui qui est sous le coup d'une censure.

Certitude Morale– Il ne s'agit pas d'une certitude absolue, soit physique ou métaphysique, ni d'une simple probabilité ou d'une conviction subjective. C'est une conclusion certaine qui se déduit de données objectives. Elle résulte d'une foule d'indices et de démonstrations qui, pris isolément, ne sont pas décisifs, mais qui, considérés dans leur ensemble, peuvent fonder une véritable certitude qui enlève tout doute prudent et raisonnable chez un homme au jugement sain.

Chose Jugée- En latin « res iudicata ». C'est un moyen institué par le droit qui rend ferme et inattaquable une sentence définitive. Du point de vue formel ou processuel, la sentence elle-même ne peut plus être attaquée par un nouvel appel. Du point de vue du fond, la décision qui met fin au litige devient irrévocable. Elle devient immuable et exécutoire (Exception : canon 1621 et 1645). La doctrine moderne des procès considère la chose jugée dans une double dimension : la chose jugée formelle (dimension de la sentence comme acte ultime de l'action processuelle) et la chose jugée matérielle (dimension qui détermine les effets de ces décisions concrètes). Dans ce dernier cas, les manifestations sont aussi de deux ordres : d'une part, le caractère exécutoire qui engendre l'actio iudicati ; d'autre part, la forclusion qui provient de la force intrinsèque qu'elle possède pour que s'applique le principe « ne bis in idem », qui devient opérant surtout par l'exceptio rei iudicatae.

Chose Sacrée- Chose qui est destinée au culte par une dédicace ou une bénédiction.

Christifidelis - Fidèle du Christ, chrétien. Le mot est, en général, traduit en français par « fidèle ». Ce qui peut prêter à confusion : les Christifideles sont bien tous les chrétiens, clercs ou laïcs, et non pas les seuls « fidèles » par opposition aux « pasteurs ». Comme le Code de 1983 ne concerne que les catholiques latins, le mot christifideles y désigne en général ces derniers.

Citation n.f. - Le fait d'appeler une personne en justice. En latin : vocatio in ius. Notification judiciaire, faite au défendeur, après le libelle, pour le prévenir de la demande d'ouverture d'une instance, ou encore aux deux parties après la litiscontestation.

Citation n.f.- Acte de procédure ... destiné à inviter..
Le fait de citer

Citer v.t. - Appeler en justice (vocare in ius)

Circonstances n.f. - Cas prévus par la loi et qui excluent, atténuent ou aggravent l'imputabilité. Elles sont déterminantes pour qu'il y ait imputabilité ou non, ou encore pour en établir le degré.

Clause, n.f.- disposition particulière d'un acte juridique ayant pour objet soit d'en préciser les éléments ou les modalités ; soit de l'assujettir à un régime spécial, parfois même dérogation au droit commun.

Clerc, n.m- celui qui est revêtu du pouvoir sacré, c'est-à-dire le diacre, le prêtre et l'évêque.

Code n.m.- Recueil officiel et authentique de lois, sous forme d'un ouvrage structuré regroupant de brefs articles ou canons.

Coauteur, n.m.- Un de ceux qui accomplissement ensemble un acte dont chacun est considéré comme l'auteur principal. Personne qui, participant directement à la commission d'un délit aux côtés d'une ou plusieurs autres personnes, en est considérée comme l'un des auteurs principaux.

Co-délinquance n.f. - Figure juridique selon laquelle plusieurs personnes physiques coopèrent à la même action délictueuse.

Coercition n.f. - Coaction, contrainte.

Collusion n.f. - Elle provient proprement des parties, de leurs procureurs ou de leurs avocats : elle peut provenir aussi des témoins. C'est le fait de trahir son rôle pour favoriser la partie opposée. Entente secrète entre deux ou plusieurs personnes en vue d'en tromper une ou plusieurs autres.

Comminatoire, adj.- Qui énonce une menace ; se dit d'un acte juridique ou d'une décision de justice qui, indépendamment de l'effet immédiat qu'il produit, contient la menace d'une sanction en cas d'inexécution d'une obligation, de contravention à la loi ou à un ordre donné par le juge.

Commission rogatoire : Requête adressée par un tribunal à un autre tribunal pour l'accomplissement de certains actes de procédure tel l'interrogatoire des témoins, la vérification de documents, etc. Il s'agit d'un rapport de collaboration entre tribunaux.

Communion n.f.- en langage théologique ou canonique, ce mot désigne le mode d'intégration des baptisés dans l'Eglise, mais aussi celui des Eglises particulières dans l'Eglise universelle, et le lien entre Eglises. *Communion des fidèles* : intégration des chrétiens dans l'Eglise de Dieu et relation d'unité, de fraternité, d'entraide entre chrétiens - *Pleine communion ou communion plénière ou communion ecclésiale* : intégration des baptises dans l'Eglise catholique. La pleine communion résulte de trois liens qui sont la profession d'une même foi, la participation aux mêmes sacrements et la reconnaissance de l'autorité pastorale des évêques et du Pontife Romain. La pleine communion est requise pour l'exercice des offices et des charges ecclésiastiques - *Communion des Eglises :* relation entre clercs, c'est-à-dire prêtres et diacres entre eux et avec les évêques - *Communion hiérarchique* : liens des évêques entre eux et avec le Pontife romain.

Communicatio in sacris- C'est la participation active d'un catholique aux rites sacrés des frères séparés qui ne sont pas en pleine communion avec l'Eglise Catholique et, inversement, la participation active des frères séparés aux rites sacrés des Catholiques. Excepté des cas prévus aux canons 844 et 861 § 2. … Cette participation est interdite et constitue un délit contre la religion et l'unité de l'Eglise.

Commutation (de peine) - Modalité de grâce consistant à substituer en faveur du condamné une peine à une autre.

Comparaitre v.i.- se présenter sur convocation devant un juge ou au tribunal.

Compétence n.f. - C'est l'espace à l'intérieur duquel s'étend un pouvoir (judiciaire ou administratif), en vertu des limites établies par la loi. L'étendue de juridiction d'un tribunal ; faculté ou pouvoir que possède un juge de connaître certaines causes. On parle de compétence personnelle (compétence pontificale personnelle : cas du canon 1405 § 1) ; compétence territoriale (le fait de répartir entre les tribunaux de même degré territorialement établis les causes sur lesquelles ils ont juridiction et qu'ils peuvent connaître) et compétence matérielle (juger une cause). La compétence peut aussi être absolue ou relative, c'est-à-dire, le juge sur son propre territoire, est compétent d'une compétence absolue pour connaître de toutes les causes non réservées aux juges supérieurs ; à l'égard de ces causes réservées, il est incompétent d'une incompétence absolue ; mais il est de plus compétent d'une compétence relative pour juger les causes liées à son territoire par un titre juridique quelconque. S'il manque de titre pour en connaître, il est incompétent d'une incompétence relative, mais il conserve la compétence absolue car le droit ne sanctionne pas ses actes en les entachant de nullité.

Complice n.m. ou adj.- tout individu qui, sans réunir en sa personne les éléments constitutifs de l'infraction, a, par un comportement positif et volontaire, aidé ou facilité sa réalisation. Plus précisément, celui qui, sciemment, par aide ou assistance, a facilité la préparation ou la consommation d'un crime, ou celui qui, par don, promesse, menace, ordre, abus d'autorité ou de pouvoir, aura provoqué une infraction ou donné des instructions pour la commettre.

Complicité n.f.- « Coopération ». La complicité peut être principale ou accessoire selon que l'action est nécessaire ou qu'elle ne fait que faciliter la consommation du délit ; physique ou morale selon qu'elle participe directement au dol ou au dommage ou directement au seul dol et indirectement au dommage. La complicité morale comprend l'ordre (si, le délit est commis au profit du mandant), et l'instigation (s'il est commis au profit de celui qui y est poussé).Contribution à la réalisation d'une infraction soit par aide et assistance à l'auteur de celui-ci, soit par instigation. Dans ce dernier cas, le complice est puni comme l'auteur principal.

Compromis n.m. - Convention de soumettre la controverse déjà engagée ou simplement prévisible à la décision d'un ou de plusieurs tiers. Accord entre les parties d'un litige de droit privé, qui consiste à soumettre le litige à un arbitrage pour éviter un procès.

Conciliarisme n.m. - Doctrine selon laquelle le concile est au-dessus du Pontife Romain.

Conclusion de la cause– Clôture solennelle de la période de l'instruction et le commencement de la phase de discussion.

Concours n.m. - Coopération, codélinquance.

Concubinage n.m. - Relation sexuelle extra matrimoniale stable et sans consentement matrimonial entre personnes de sexe différent. Union stable sans lien matrimonial.

Confesseur, n.m.- prêtre pourvu de la faculté d'entendre les confessions et d'absoudre les péchés.

Confession n.f.- Partie du sacrement de la pénitence qui consiste en l'aveu des péchés - Le sacrement de la pénitence lui-même

Configurer v.t. - Constituer, établir une loi. Configurer comme délit un comportement et y annexer une peine.

Conflit de compétence– Désaccord qui peut surgir, non seulement entre deux tribunaux, ou plus, qui se considèrent compétents pour connaître d'une cause, qu'ils relèvent ou non du même tribunal d'appel mais aussi lorsque ces tribunaux se déclarent incompétents et même lorsqu'un seul tribunal décide, en cas d'opposition d'une des parties, s'il peut ou doit connaître une question.

Congrégation pour la doctrine de la foi - Dicastère romain qui s'occupe des délits les plus graves. Pour ces matières, elle est érigée en tribunal suprême.

Conjecturer v.t. - Juger par conjecture, présumer, supposer.

Conjecture n.f. - Simple supposition, hypothèse fondée sur des apparences, sur des probabilités.

Connaître v.t. - Connaître une cause signifie être compétent pour juger une cause.

Connexité n.f. - Rapport étroit, liaison entre deux ou plusieurs choses. Les causes se distinguent entre elles par les sujets, par l'objet ou la chose qui est demandée, et par le titre ou le fondement de la demande. Lorsque deux causes réunissent les mêmes sujets (demandeur et défendeur), il existe entre elles une connexité purement subjective. Mais le canon 1414 traite de la connexité objective. Dans ce sens, pour que deux causes soient connexes, il faut que l'objet ou le titre, ou l'objet et le titre soient tous communs (mais si l'objet et le titre sont tous communs, il faut que les sujets soient différents, sinon, il n'y aurait pas deux causes, mais une seule).

Consécration n.f.- Cérémonie par laquelle on rend une personne ou une chose sacrée, par l'onction d'huile ou de crème et la prière consécratoire.

Consécration épiscopale sans mandat pontifical - Ordination épiscopale sans mandat pontifical ; cela contre les dispositions du canon 1013 qui requiert ce mandat. Cette réserve au Pontife Romain n'affecte pas la validité de l'ordination, mais uniquement sa licéité. C'est un délit d'usurpation des charges ecclésiastiques et dans leur exercice.

Consommation n.f. - Exécution, le fait de mener à son terme.

Constitution en dignité- Fait de revêtir une dignité, c'est-à-dire une qualité externe revêtue par quelqu'un qui, de ce fait, mérite un respect ou une déférence particulière de la part des autres membres de la société. La constitution en dignité, en droit pénal, est une circonstance aggravante.

Contentieux adj. - Qui est l'objet d'un contentieux.

Contentieux n. m. - Ensemble de litiges ou conflits non résolus entre deux parties et susceptibles d'être portés devant le juge. Ces conflits ou litiges concernent des droits à poursuivre ou à revendiquer et les faits à déclarer.

Contraindre v.t. - Forcer, obliger.

Contrat n.m. - Convention juridique par laquelle une ou plusieurs personnes s'engagent envers d'autres à faire ou à ne pas faire quelque chose.

Contumace n.f. - Terme technique qui signifie désobéissance, persistance, obstination. La cessation de la contumace est requise pour l'absolution des censures ; elle consiste à se repentir de son délit, à réparer les dommages et le scandale ou, au moins à promettre de le faire (cf. can. 1347, § 2). Trois cas sont à distinguer : dans l'hypothèse des délits sanctionnés par une censure ferendae sententiae, la contumace désigne l'attitude de celui qui, malgré les monitions, continue de commettre le délit, ou refuse de faire pénitence pour le délit commis et de réparer les dommages et le scandale qui en ont résulté. Dans le cas des délits qui font encourir une censure latae sententiae, la contumace est l'attitude de celui qui, malgré et à l'encontre de la censure prévue, commet le délit qu'elle sanctionne. La troisième signification s'inscrit dans la phase rémissive : Une fois la censure encourue ou infligée, il y a contumace par l'attitude de refus d'un repentir sincère, ainsi que de la réparation des dommages et du scandale occasionnés, ou du moins de la promesse de le faire.

Contumax n.m. - Individu qui manifeste une inclination au mépris de l'autorité et à la rébellion contre l'exercice de l'autorité (droit ancien).

Convalider n.f. - voir convalidation.

Convalidation n.f. - En droit matrimonial, c'est l'acte par lequel les conjoints, d'un commun accord, décident de donner une valeur juridique à leur mariage qui ne la possédait pas initialement, (nul suite à un vice de consentement, à l'existence d'un empêchement dirimant ou d'un défaut de forme canonique) en se conformant aux prescriptions du Code. Elle peut être simple, c'est-à-dire qui rend valide le mariage nul au moyen du renouvellement du consentement matrimonial, mais sans la rétroactivité fictive de ses effets ; ou radicale qui est la sanction d'un mariage sans renouvellement du consentement, concédée par l'autorité compétente et qui comporte la dispense de l'empêchement, s'il y en a un, et de la forme canonique, si elle n'a pas été observée, ainsi que la ratification des effets canoniques pour le passé. La convalidation est appelée aussi sanation.
Convenu n.m. – Appelé aussi défendeur ou partie défenderesse. C'est la personne contre laquelle on demande l'application de la loi.

Coopération n.f. - Voir Co délinquance ou concours. La coopération peut être totale (si les personnes participent physiquement et simultanément à la même action délictueuse d'un accord mutuel : ce sont donc des coaccusés ou coauteurs), partielle (si le codélinquant ne réalise pas l'acte qui consomme le délit : on l'appelle complice). Elle peut être également formelle (aide volontairement à l'action) ou matérielle (pose un acte indifférent dont abuse une autre personne) ; immédiate (participe à l'action même) ou médiate (participe à d'autres actes qui ont avec l'action coupable un lien plus ou moins éloigné).

Correction n.f.- il s'agit de la correction paternelle ou fraternelle : Démarche préliminaire à un procès par laquelle l'ordinaire cherche, en cas de délit, à « reparer le scandale, rétablir la justice, amender le coupable », pour éviter le recours à une procédure pénale proprement dite selon le canon 1341.

Correptio - Réprimande, figure juridique considérée comme remède pénal au canon 1339 § 2. Voir réprimande.

Corruption n.f. – Elle est dite active ou passive. La corruption active consiste à donner ou à promettre quelque chose pour qu'un fonctionnaire ecclésiastique fasse ou omette quelque chose de façon illégitime. Lorsqu'un fonctionnaire accepte le don ou la promesse, on parle de corruption passive. Dans ce cas, il y a codélinquance.

Crainte n.f. – Trouble de l'esprit à cause d'un danger présent ou futur (Ulpianus). Elle peut être absolue ou relative. Crainte absolue : si le mal qui est fait, est capable d'effrayer ou de tourmenter un homme normal doué d'une constance et d'une force de caractère ordinaires, c'est-à-dire un homme courageux. Crainte relative : si le mal qui constitue la menace est en lui-même objectivement léger, mais devient grave en raison des circonstances subjectives touchant à la personne qui subit. N.B. La crainte n'enlève pas le jugement objectif et délibéré de la raison, elle n'empêche pas la faculté de choisir et laisse intacte la liberté.

Créance n.f.- Droit qu'une personne a d'exiger quelque chose de quelqu'un. Titre qui établit ce droit.

Crime n.m. – Délit, infraction, …

Crime de faux- Crime qui consiste en toute altération de la vérité susceptible de porter préjudice à quelqu'un ou d'assurer un avantage à son auteur.

Cumul, n.m.- Action de cumuler ; fait de réunir en sa personne plusieurs activités ou plusieurs avantages (Exemple : cumul d'actions).

Cumul d'actions- Le fait que le demandeur propose, dans un même procès, plusieurs actions contre le même défendeur, soit sur un même objet (à des titres différents) ou sur des objets différents (au même titre ou à des titres divers).

Cumul d'exceptions- C'est la réponse du défendeur au cumul d'actions.

Curateur, n.m. - Personne chargée d'assister un incapable majeur.

D

Danger de Mort - Situation où l'on redoute la mort. Le danger de mort n'est pas synonyme d'être « in articulo mortis » où la mort est imminente.

Décision de culpabilité - Constat, décision prise au terme d'un procès pénal si la culpabilité de l'accusé concernant un délit qui lui est imputé est moralement certaine.

Déclarer v.t. - En droit pénal, rendre publique une peine occulte, c'est-à-dire qui a été d'abord encourue automatiquement. En droit processuel, expliquer au juge ce que l'on sait sur la question litigieuse.

Déclaration des parties- Terme général qui comprend les anciens interrogatoires qui dans le Code de 1917 avaient lieu, déjà pendant la phase de recueil des preuves et à laquelle doctrine et jurisprudence s'accordaient pour lui octroyer valeur de la preuve en certaines circonstances et l'aveu des parties.

Décret n.m. - Dans la voie administrative, c'est une décision prise par le supérieur au sujet d'une affaire qui lui est soumise. Acte juridique administratif d'imposition de peines. Dans le procès, les décrets sont des décisions du juge pour résoudre des incidents d'importance réduite (= décret décisoire) ou pour ordonner le déroulement de la procédure (=ordonnances).

Défaut, n.m. - Absence ou vice d'un acte juridique ou d'un de ses éléments essentiels.
Défaut de forme - absence ou non-respect des formalités imposées par le droit pour un acte juridique ; si le droit impose ces formalités pour la validité, le défaut de forme sera une cause de nullité de l'acte juridique (Canon 124 §1).

Défaut de l'usage de la raison- Au moment où l'on pose l'acte. Ce défaut se produit suite à des causes exogènes telles que le vin, la drogue, l'hypnose … ce défaut doit être non coupable, c'est-à-dire non provoqué. Dans ce cas, il constitue une circonstance atténuante en droit pénal.

Défendeur n.m. - voir convenu.

Défenseur du Lien - Personne qui, dans le procès, a pour fonction de défendre la justice et la loi dans les matières qui concernent le lien sacré de l'ordination sacrée et du mariage.

Défense d'user d'un droit- Mesure conservatoire qui consiste en l'interdiction imposée par le juge de faire usage temporairement d'un droit discuté. Il s'agit d'un droit incorporel.

Déférer v.t. - Porter, attribuer une affaire à, traduire un accusé devant la juridiction compétente.

De iure - Expression latine signifiant « de droit ».

De facto - Expression latine qui signifie « de fait ».

Délai n.m. - Terme qui désigne parfois la fin de laps de temps concédé pour l'ajournement. Au sens propre, sa signification est celle qui correspond au moment, à l'heure et au jour, durant lesquels l'acte processuel doit être posé. En fonction de celui qui l'impose, on a les délais légaux, judiciaires et conventionnels ; d'après la stabilité, des délais prorogeables et non prorogeables et selon l'effet, des délais péremptoires et simples. Espace de temps à l'écoulement duquel s'attache un effet de droit. Laps de temps fixé par la loi, le juge soit pour interdire, soit pour imposer d'agir avant l'expiration de ce temps.

Délibéré n.m. - Ou délibération. Discussion des juges avant de rendre leur décision.

Délinquant n.m. - qui a violé une norme pénale.

Délit n.m. - Infraction, crime. Violation externe d'une loi ou d'un précepte pénal, gravement imputable du fait du dol ou de la faute.

Délit avorté- appelé aussi délit frustré, quand la non consommation est étrangère à la volonté de l'agent et aux moyens utilisés qui étaient insuffisants, c'est-à-dire, l'exécution est complète, mais qu'une circonstance imprévue empêche que le délit soit consommé.

Délit consommé- Délit exécuté.

Délit collectif- se subdivise en délit continu (si les actions sont distinctes, mais homogènes et successives) ; en délit permanent (si l'action délictueuse est ininterrompue, ce qui maintient volontairement la section anti-juridique créée), en délit habituel (si le comportement habituel du délinquant dans les actions anti-juridiques répétées est envisagé par la loi comme un seul délit.

Délit complexe- S'il y a pluralité d'actions et une unité de la loi enfreinte.

Délit de tentative- Lorsqu'une norme pénale caractérise la tentative de délit en tant que délit spécifique.

Délit dolosif- Délit causé par dol.

Délit fautif ou coupable - Délit causé par faute.

Délit impossible- Lorsque la matière ou l'objet du délit est inexistant (p. ex. quelqu'un qui tire sur un mannequin en croyant qu'il s'agit d'une personne).

Délit notoire de droit - (est notoire de droit) après une sentence du juge compétent passée à l'état de chose jugée ou après l'aveu du coupable devant le juge.

Délit notoire de fait– (est notoire de fait) s'il est impossible de le cacher ou même de l'excuser juridiquement.

Délit occulte - S'il n'est pas public. En droit pénal, occulte ne signifie pas impossibilité ou absence de preuve comme c'est le cas d'empêchement occulte en droit matrimonial. C'est ce délit qui justifie, entre autres, l'existence des peines latae sententiae.

Délit public– S'il est divulgué ou s'est produit ou se présente dans des circonstances telles qu'on juge qu'il doit être facilement divulgué.

Délit simple– quand il y a unité entre l'action et la loi enfreinte.

Demande, n.f.- Acte juridique par lequel une personne formule une prétention qu'elle soumet au juge.

Demandeur, n.m., voir acteur.

Démence, n.f.- Espèce de trouble mental, grave altération des facultés mentales.

Déni n.m. - Refus d'une chose dûe (déni de justice).

Déni de justice - Manquement au devoir de justice ; impossibilité, pour qui le demande, d'obtenir justice.

Dénonciation n.f. - accusation. Fait de porter quelque chose d'illégal ou d'irrégulier à la connaissance des autorités. Déclaration écrite ou orale par laquelle une personne informe les autorités judiciaires ou administratives de la commission d'un acte délictueux.

Dénonciation calomnieuse- Délit qui consiste en toute altération de la vérité susceptible de porter préjudice à quelqu'un ou d'assurer un avantage à son auteur. Il en est de même de la fausse accusation d'un confesseur du délit de sollicitation.
Accusation mensongère. C'est le crime de faux.

Dépénalisation, n.f.- Opération consistant à soustraire un agissement à la sanction du droit pénal.

Dépens, n.m.- Partie des frais engendrés par le procès (honoraires des procureurs, avocats, experts et traducteurs … voir can. 1649).

De plein droit - en latin « pleno iure » : En vertu de la loi, par le seul effet de la loi.

Déposant n.m. - Personne qui fait une déposition.

Déposition n.f. - Déclaration d'un témoin ; témoignage .Action de déposer en justice ; acte par lequel le témoin fournit à la justice son témoignage.

Déposition judiciaire - Déposition qui se fait au tribunal.

Désistement n.m.- Renonciation à l'instance. C'est l'une des voies d'extinction de l'instance.

Désobéissance au Supérieur légitime- Délit qui consiste à désobéir, à refuser avec obstination tout mandat ou interdiction légitime du Siège apostolique, de l'Ordinaire ou du Supérieur. C'est un délit contre les autorités ecclésiastiques et la liberté de l'Eglise.

Dévolutif, adj.- Non suspensif (effet dévolutif).

Diffamation, n.f.- Allégation ou imputation d'un fait portant atteinte à l'honneur de la personne ou au corps auquel le fait est imputé.

Différend n.m. - désaccord ; conflit ; divergence d'opinions, d'intérêts.

Différer - v.t. - Reporter, repousser à une date ultérieure. Par exemple, différer l'infliction d'une peine.

Dignité n.f. - Titre honorifique attribué à un clerc et auquel était attachée autrefois une certaine juridiction.

Dilatoire, adj. -Voir, Délai, remise, ajournement. Se dit de tout comportement habile mais non toujours illicite en soi qui tend à retarder le cours de la justice ou l'aboutissement d'une opération en soulevant des incidents en général mal fondés et en exploitant tous les moyens de gagner du temps.

Dimissoriales - Voir **lettres** dimissoriales.

Dire, v.tr.- Dire le droit, juger, décider.

Dirimer v.t. - Départager, trancher. Rendre nul, invalide. L'ordre dirime le mariage. Annuler, casser.

Discipline Ecclésiastique- ensemble des règles ecclésiales de conduite. Ordre qui résulte de l'observation de cette règle ou de ce règlement (disciplina ecclesiastica = ordo canonum ou ordo ecclesiae).

Discrédit n.m. - Diminution ou perte de la confiance, de l'estime, de la valeur dont jouit quelqu'un ou quelque chose.

Discussion de la cause– Elle commence après la conclusion de la cause. C'est la phase des discussions ou des débats où l'on donne aux parties la possibilité de présenter leurs défenses et leurs observations.

Dispense n.f. - Une des manières de remettre les peines (vindicatives dans le Code de 1917). C'est une suspension de l'application de la loi dans un cas spécial, déterminé. Relâchement de la loi purement ecclésiastique dans un cas particulier.

Divulgation n.f.- Action de rendre public, de révéler.

Document, n.m.- Au sens étymologique, document signifie un objet ou une chose qui enseigne ou instruit, faisant connaître un fait. Au sens large, le document est un objet ou n'importe quelle chose qui peut manifester au juge la vérité historique d'un fait. Au sens strict, on appelle documents les écrits, privés ou publics, qui permettent d'établir une preuve dans un procès. Au sens plus strict, le document est tout objet qui, résultant d'un acte humain et perceptible par le sens, permet d'établir la preuve représentative d'un fait quelconque.

Dol, n.m. - Malice ; volonté délibérée de violer la loi.

Dolosif, adj.- Entaché de dol, malhonnête, frauduleux.

Domicile n.m. - Titre général et ordinaire pour déterminer le for ou le tribunal compétent. Il s'acquiert par la résidence sur le territoire d'une paroisse ou au moins d'un diocèse, avec l'intention d'y demeurer définitivement si rien n'en détourne, ou prolongée pendant cinq années complètes (can. 102, §).

Dommage, n.m.- Préjudice. Atteinte subie par une personne dans son corps (dommage corporel), dans son patrimoine (dommage matériel ou économique) ou dans ses droits extrapatrimoniaux (atteinte à l'honneur...) qui ouvre à la victime un droit à réparation.

Droit inné et propre– droit qui tire son origine de la nature même de l'Eglise et indépendant de tout pouvoir humain.

Droit d'option– Droit reconnu au demandeur de choisir en cas de for concurrentiel selon le principe « actor sequitur forum rei ».

Doute, n.m. - Hésitation sur la réalité d'un fait (doute de fait) ou sur un point de droit (doute de droit).En cas de doute de droit, la loi n'oblige pas ; en cas de doute de fait, l'ordinaire peut accorder une dispense (can. 14).

Doute positif - Hésitation, mais avec des arguments en faveur de l'une et de l'autre solution, par opposition à la simple ignorance, sans aucun argument ni dans un sens ni dans l'autre.

Doute probable - Hésitation, mais avec de sérieuses raisons de pencher pour telle hypothèse.

E

Ébriété, n.f. – Etat d'une personne ivre

Effet, n.m. 1- Résultat d'une action ; ce qui est produit par quelque chose. 2- Conséquence juridique résultant d'un acte juridique, d'un délit, d'une loi, d'une décision.

Empêchement, n.m.1- Interdiction légale de poser un acte juridique. Empêchement dirimant : qui invalide l'acte. 2- Obstacle de fait ou de droit à l'accomplissement d'une mission ; obstacle momentané ou définitif à l'exercice normal d'une fonction.

encourir, v.t., - Subir ou contracter automatiquement, ipso facto.

Enfant, n.m. - Qui n'a pas encore sept ans accomplis. L'enfant est présumé n'avoir pas l'usage de la raison et est censé ne pas pouvoir se gouverner lui-même.

Enfreindre, v.tr.- Transgresser, violer une loi, une interdiction.

Enquête, n.f.- Mesure d'instruction consistant à recueillir des témoignages ou autres éléments permettant de parvenir à la manifestation de la vérité.

Entrave, n.f.- Fait d'empêcher l'exercice d'une activité autorisée ou imposer par la loi.

Ephébophilie n.f. – du grec *ephebos* : adolescent, *philia* : amour, amitié. L'éphébophilie désigne la préférence sexuelle d'un adulte (de l'un ou de l'autre sexe) pour des adolescents ou adolescentes pubères.

Équité, n.f.- Principe éthico-juridique qui refuse le rigorisme et rend l'interprétation et l'application de la loi plus douce et plus humaine. Le rigorisme déforme la loi et fausse le sens de la justice selon l'aphorisme de Cicéron : « *summum ius, summa iniuria* » auquel répond la maxime biblique « *noli esse iustus multum* » (Ecclésiaste 7,17). l'équité canonique est, en substance, une sorte de justice supérieure qui refuse le rigorisme, elle est fruit et expression de la charité. Justice tempérée avec la douceur de la miséricorde.

Erreur n.f. - Jugement faux. Elle peut être accidentelle (n'empêche pas l'identification du contenu (d'un rescrit par exemple) ou substantielle (celle qui l'empêcherait). - Erreur de fait : jugement inexact portant sur un fait (généralement un fait juridique, par exemple l'existence d'un mariage). Erreur de droit : jugement inexact portant sur un point de droit. Erreur commune : jugement consistant à admettre à tort qu'une autorité exécutive a le pouvoir d'accomplir tel acte ou qu'un prêtre a la faculté de célébrer tel sacrement (confirmation, mariage, pénitence). En cas d'erreur commune, l'Eglise supplée au défaut de pouvoir ou de faculté (Ecclesia supplet : can 144 : voir l'adage romain : error communis facit ius. Dans ce cas, l'actuel Code n'impose aucun quota : l'erreur de quelques-uns, voir d'un seul, peut suffire à constituer l'erreur commune. Elle peut être de droit ou de fait.

Ester en justice- Exercer une action en justice.

Etat de nécessité-Consiste dans l'impossibilité absolue ou morale d'observer la loi pénale selon le principe : « Necessitas non habet legem » ou selon l'autre principe : « Ce qui n'est pas licite selon la loi , l'état de nécessité le rend licite ». Il ne caractérise pas un conflit inévitable entre le droit de l'individu et la loi (on veut éviter un mal qui proviendrait de cet accomplissement).

Évocation, n.f.- Le fait pour le Saint-Siège d'évoquer (faire sienne) devant ses tribunaux une cause, même en cours de procédure.

Exceptio rei iudicatae : Exception de la chose jugée. Elle a lieu après la chose jugée et a pour effet d'empêcher que la même contestation soit de nouveau portée en justice. Elle n'est opposable que s'il s'agit de la même contestation, ce qui suppose : « l'identité des parties, l'identité de l'objet et l'identité de la cause.

Exception n.f. – Moyen de défense du défendeur au trouble que l'action lui cause dans la jouissance de ses droits. On distingue les exceptions de nullité (remédiable ou irrémédiable);les exceptions dilatoires qui visent à exclure temporairement l'action ou à en retarder l'exercice ou les effets (par exemple exception en récusation contre le juge, le promoteur de justice, le défenseur du lien, exception d'incompétence du juge) ; les exceptions péremptoires qui prétendent faire disparaître ou exclure directement l'action. On en distingue les exceptions péremptoires de procès terminé (litis finitae) qui visent à démontrer que l'affaire en litige a déjà été légitimement tranchée et que par conséquent, il n'est pas possible de l'examiner à nouveau (Un nouveau procès sur ce point ne peut plus être engagé) et les exceptions péremptoires communes qui prétendent exclure directement l'action (procès) en en détruisant un des éléments essentiels.

Exciter v.t.- Stimuler, provoquer …

Excommunication n.f. - Censure par laquelle un fidèle est exclu de la communion des fidèles avec les effets énumérés au canon 1331. Elle peut être encourue, déclarée ou infligée.

Exécutoire, adj. - Qui peut être mis à exécution, au besoin par la force.

Exemption, n.f.- Acte par lequel une autorité affranchit un sujet de droit, d'une obligation qui lui incomberait normalement ou le soustrait au régime ordinaire qui lui serait applicable.

Exhibitionnisme, n.m. - Exposition répétée de ses organes génitaux devant une personne étrangère et qui ne se méfie pas, dans le but d'atteindre un état d'excitation sexuelle, et ce, sans tentative d'avoir avec cette personne une relation sexuelle ultérieure.

Expert n.m. - Personne versée dans une science, une technique, un art, dont les connaissances professionnelles sont utilisées pour l'observation, la constatation et l'appréciation d'un fait. L'expert est un collaborateur du juge et un moyen de preuve. L'EXPERT JUDICIAIRE est un expert désigné par le juge pour vérifier un fait ou pour déterminer la nature d'une chose, selon les règles de la science ou de la technique, en vue de prendre une décision. L'EXPERT PRIVE est une figure juridique qui agit comme un organe processuel de la défense de la partie assistant celle-ci en rapport avec les avis des experts judiciaires et les connaissances techniques dont elle peut avoir besoin.

Expertise, n.f. - Moyen de preuve soumis à certaines conditions.
Expiatoire -Voir peines expiatoires.

Exploit n.m. – Acte de procédure rédigé et signé par un notaire ou un huissier.

Externe, adj. – Public ou occulte. Le caractère externe (public) suppose sa perception et sa connaissance par des tiers que l'auteur lui-même.

Extorquer v.t. – Obtenir ou ravir par la force ou par la violence.

Extorsion n.f.- Action d'extorquer.

F

Facultatif ,ive, adj.- Laissé au gré de l'intéressé ; laissé à l'appréciation du juge ou du supérieur.

Faculté, n.f., Capacité juridique d'exercer une charge. Une faculté s'obtient soit de droit (ipso iure), soit en vertu de l'office (vi officii) soit par concession (vi concessionis).

Fait juridique, - Tout événement susceptible de produire un effet en droit.

Fausse accusation– voir dénonciation calomnieuse.

Faute n.f. – Omission de la diligence requise.

Faux (crime de) – délit qui consiste à accuser faussement auprès de son supérieur un confesseur du délit de sollicitation dans la confession, ou en une autre dénonciation calomnieuse, ou encore en une atteinte à la bonne réputation d'autrui. L'autre figure de ce délit concerne la création, fabrication, destruction d'un document ecclésiastique, ainsi que le fait de le cacher ou d'utiliser le document falsifié.

Faveur n.f. – Bienfait qui avantage quelqu'un.

Feindre v.t. - Faire semblant, simuler pour tromper. Feindre l'administration d'un sacrement se dit de toute personne qui ne peut célébrer validement un sacrement. Il s'agit d'un délit d'usurpation des charges ecclésiastiques et dans leur exercice.

Ferendae sententiae- Voir peine ferendae sententiae.

Fiction n .f.- Fait de supposer vrai un fait dont on sait qu'il ne l'est pas.

Fonction, n.f.- Office ecclésiastique c'est-à-dire toute charge constituée de façon stable par disposition divine ou ecclésiastique pour être exercée en vue d'une fin spirituelle (can 145 §1). Il s'agit ici des munera stables.

For compétent- Juge ou Tribunal qui, ayant la juridiction, détient la compétence pour traiter d'un sujet déterminé.

For, n.m. - Tribunal ou organe juridictionnel concret auquel un certain nombre d'affaires sont confiées. Dans l'ordre judiciaire, il désigne aussi la juridiction, le pouvoir judiciaire, ainsi que le territoire auquel s'étend cette juridiction. On distingue des fors légaux ou établis par la loi en opposition aux fors conventionnels ; des fors ordinaires ou communs par opposition aux fors extraordinaires ou spéciaux ; des fors relatifs au procès ou dûs à une circonstance du procès (p. ex ceux qui sont dûs au cumul d'actions, à la connexion de la cause...) ; des fors uniques ou exclusifs par opposition aux fors concurrentiels parmi lesquels le demandeur peut choisir ; des fors relatifs aux personnes et des fors réels en raison de la matière ou de l'objet.

Forclusion n.f. - Fait juridique qui survient à la fin du délai et par lequel s'éteint le droit d'exercer une activité déterminée qui devrait être déployée au moment opportun au cours du procès qui est déjà passé. VOIR CHOSE JUGEE.

Formule du doute- Acte établi par le juge et qui a pour objet de préciser, par exemple, le chef ou les chefs de nullité en vertu desquels le mariage est accusé, cela en vue d'instruire la cause de manière ordonnée et appropriée.

Fondement juridique- Titre.

Fornication n.f. - voir concubinage, mais dans le cas de fornication, il n'y a pas de stabilité. C'est une figure de délit contre le sixième commandement.

Fraude n.f. - Acte de mauvaise foi accompli en vue de nuire au droit d'autrui.

Frotteurisme n.m. Déviation ou perversion sexuelle caractérisée par l'acte répété de toucher ou de se frotter contre des femmes habillées, généralement dans les lieux publics très fréquentés, qui favorisent le contact physique et l'anonymat (foule, métro).

Fumus delicti - Le fondement en droit et en fait pour considérer que l'accusation est vraisemblable.

G

Gain illégitime sur les offrandes de messes - Délit qui consiste à faire du trafic avec ces offrandes, à en faire du commerce ou à ne pas observer les dispositions des canons 948 et 955 et aussi les normes du Décret « Mos iugiter obtinuit » sur les messes collectives, à demander une offrande plus grande que celle qui est fixée, à percevoir plus d'une offrande par jour, à accepter plus de messes qu'on ne peut appliquer en l'espace d'une année. C'est un délit d'usurpation des charges ecclésiastiques et dans leur exercice.

Grave, adj.- Lourd et donc de nature à influer sur le principe ou la rigueur de la sanction.

Gravité, n.f.- Caractère de ce qui est grave.

Grâce n.f.- Faveur ;

Grave dommage- Préjudice moral ou corporel (matériel) subi et qui est grave.

Grave inconvénient–Lorsque l'observance de la loi pénale peut entraîner un grave dommage ou un grave danger. Il se base sur ce principe : « Les lois ecclésiastiques n'obligent pas en cas de grave inconvénient ». C'est un préjudice important qui résulte de l'accomplissement de la loi. L'acte posé (contraire à la loi) n'est pas punissable en cas de grave inconvénient.

H

Habile, adj.- Qui réunit en sa personne les conditions (de qualité, de compétence, de pouvoir) requises pour l'accomplissement d'un acte ou l'exercice d'une fonction.

Habilité, n.f.- Voir capacité.

Hérésie, n.f.- « Négation obstinée d'une vérité qui doit être crue de foi divine et catholique » ou doute obstiné sur cette vérité (can. 751).
L'objet de la « foi divine et catholique » est le dogme, c'est-à-dire ce que le magistère a défini comme étant divinement révélé dans l'Ecriture ou la Tradition (can. 750).

Homicide n.m. – Action de tuer, volontairement ou non, un être humain. C'est un délit contre la vie et la liberté humaines.

Homicide, n.m. ou adj.- Auteur d'un homicide.

Homosexualité n.f. -Par opposition à l'hétérosexualité, rapport sexuel entre personnes de même sexe.

Honneur, n.m. - Marque exceptionnelle de considération, hommage rendu à sa valeur.

I

Ignorance n.f. - Manque de connaissance requise. Elle peut être crasse ou supine (lorsque l'on ne fait rien pour s'en débarrasser) ; affectée ou préméditée, (c'est-à-dire voulue intentionnellement pour opérer impunément) ; coupable ou non coupable.

Imputabilité n.f. - Aptitude du sujet à répondre de son acte. Elle concerne d'abord la relation entre l'auteur et son acte. Qualification juridique de la responsabilité du fait délictueux dans le chef de son auteur.

Imputation n.f.- Jugement qui attribue à l'auteur de la violation de la loi ou du précepte la responsabilité de son acte. C'est une attitude subjective du juge qui repose sur l'imputabilité objective de l'acte.

Imputer v.t.- Attribuer quelque chose à quelqu'un. Reconnaître quelqu'un comme responsable de la violation de la loi ou du précepte.

Inadvertance n.f. - Manque d'attention.

Incapable, subst. et adj.- Personne légalement frappée d'une incapacité de jouissance ou d'exercice.

Incapacité, n.f. – Inaptitude juridique qui, dans les cas déterminés par la loi (incapacité légale ou de droit) empêche une personne d'acquérir ou d'exercer valablement un droit. Inaptitude physique à laquelle certaines législations attachent divers effets.

Incapacité juridique – Incapacité légale de commettre un délit : cas de ceux qui sont habituellement privés de l'usage de la raison.

Inceste n.m. – Relations sexuelles entre un homme et une femme liés par un degré de parenté, prohibées par les lois d'une société donnée. Relations sexuelles entre parents très proches.

Incident, adj. - Qui survient au cours d'une instance déjà introduite par une demande dite initiale ou principale.

Incident, n.m.- Tout ce qui survint au cours d'un procès et qui peut avoir une incidence sur ce procès –exemple : question ou cause incidente).

Incitation n.f. - Action de pousser. Par exemple : incitation à la haine, à la désobéissance. L'incitation à la haine, à la désobéissance contre le Siège apostolique ou contre l'Ordinaire est un délit contre les autorités ecclésiastiques et la liberté de l'Eglise. Mais pour que cette incitation constitue un délit, il faut qu'il y ait à la base un acte du pouvoir ou du ministère ecclésiastique.

Incompétence n.f. - Défaut du pouvoir judiciaire d'un juge pour ne connaître des causes que celles qui lui sont confiées par le droit. Elle peut être relative ou absolue ; l'incompétence est relative lorsque le défaut de juridiction n'entache pas la validité de la décision, mais uniquement sa licéité ; dans ce cas, la compétence est étendue de fait puisque les actes et la sentence ne sont pas nuls. Si ce défaut entache en même temps la validité et la licéité de la décision, l'incompétence est dite absolue.

Inconvénient, n.m.- Désagrément ou préjudice résultant pour une personne d'une situation de fait ou d'un acte juridique.

Indemnité, n.f. - Somme allouée pour dédommager un préjudice. Traitement perçu. Somme d'argent destinée à dédommager une victime, à réparer le préjudice qu'elle a subi (du fait d'un délit ou de l'exécution d'un contrat) par attribution d'une valeur équivalente qui apparaît tout à la fois comme la réparation d'un dommage et la sanction d'une responsabilité.

Indice, n.m.- Elément de preuve consistant en un fait, événement, objet, trace ... dont la constatation fait présumer l'existence du fait à démontrer et qui se rattache aux présomptions de l'homme.

Indulgence n.f. - Remise devant Dieu de la peine temporelle dûe pour les péchés dont la faute est déjà effacée, que le fidèle bien disposé, et à certaines conditions définies, obtient par le secours de l'Eglise qui, en tant que ministre de la rédemption, distribue et applique avec autorité le trésor des satisfactions du Christ et des saints. Elle peut être plénière ou partielle.

Infamie, n.f. - Discrédit. Perte de la bonne réputation auprès des honnêtes gens.

Infliger, v.t. - Appliquer. Par exemple, infliger une peine.

Inhabilité n.f. - Incapacité pour une personne de poser un acte valide.

Inscription n.f.- voir association.

Instance n.f. - Ensemble des actes réalisés par les sujets de la relation juridique processuelle qui va de la citation jusqu'à la fin du procès. Le degré, l'échelon ou l'ordre hiérarchique des tribunaux qui les situe par rapport à ceux qui leurs sont inférieurs ou supérieurs par leur rang. L'instance peut s'arrêter au cours de son développement normal ; c'est pourquoi on parle de : INTERRUPTION de l'instance qui se produit par des actes volontaires des parties, qui indirectement arrêtent le cours de l'affaire principale (par ex. l'introduction des questions incidentes…); SUSPENSION de l'instance qui se produit lorsque celle-ci est arrêtée en raison d'un fait nouveau touchant la capacité d'une des parties en litige, ou de leurs représentants ; PEREMPTION de l'instance qui est l'extinction de l'instance dûe à l'inaction ou la négligence des parties, pendant le temps fixé par la loi ; elle n'éteint pas l'action. En d'autres termes, elle ne produit pas la caducité des actes du procès, mais uniquement celle des actes de la procédure, donc nullement les actes de la cause. RENONCIATION à l'instance qui est une manifestation de la volonté du demandeur en vertu de laquelle on considère le procès achevé sans attendre la sentence sur le fond de l'affaire. La renonciation aux actes de la procédure peut être le fait du demandeur ou du défendeur, alors que la renonciation à l'instance appartient exclusivement au demandeur.

Interdiction n.f. - action d'interdire. Défense perpétuelle ou temporaire faite à une personne de remplir ses fonctions, de poser des actes ou d'avoir accès à des lieux déterminés.

Interdire, v.t. - Défendre, prohiber, proscrire.

Interdit, n.m. 1- Censure par laquelle certains biens sacrés, expressément indiqués par la loi sont interdits aux fidèles sans qu'ils perdent la communion avec l'Eglise. L'interdit est toujours personnel. 2- Etat de celui qui est sous le coup d'un interdit.

Interdit des biens- Celui qui est frappé de la peine d'interdit et qui, pour ce fait, est empêché d'administrer ses biens et d'agir en justice ou est limité dans l'exercice de ses droits.

Interjeter, v.t. - Introduire. Interjeter appel.

Ipso facto - Locution adverbiale latine qui signifie « par le fait même ».

Ipso iure - Locution latine signifiant « en vertu du droit même ».

Irrecevabilité, n.f. - Caractère de ce qui est irrecevable ; vice affectant une prétention formée par qui n'a pas le droit d'agir en justice, faute d'intérêt, de qualité, en raison de l'expiration de la prescription.

Irrecevable, adj. - A écarter sans examen de fond ; se dit de la prétention dont l'auteur est reconnu sans droit pour agir, sur la fin de non-recevoir opposée par son adversaire ou relevée d'office ; se dit aussi, dans le même cas, de l'auteur même de la prétention (dit irrecevable en sa demande).

Irréfragable, adj. - Qui ne souffre la preuve contraire (laquelle n'est pas admissible) ; se dit de certaines présomptions légales qui ne peuvent être combattues par une telle preuve. Incontestable.

Irrégularité, n.f.-Type d'empêchement caractérisé par la perpétuité (sacrement de l'Ordre), l'empêchement qui n'est pas perpétuel est appelé empêchement simple. L'empêchement perpétuel défend de recevoir le sacrement de l'ordre (can. 1041) ou d'exercer les ordres reçus (can. 1044).

Irriter v.t.- Rendre nul, invalider. Principe général du code : le non-respect d'une loi n'est pas irritant, mais rend seulement l'acte illicite, sauf en cas d'une loi irritante (can. 10).

Iter criminis- Série de phases ou d'étapes dans la commission d'un délit. Dans cet iter, on distingue trois phases : la préparation, l'exécution, la consommation.

Ivresse, n.f. - Degré d'ébriété altérant les facultés intellectuelles et les réflexes moteurs que la loi incrimine en certaines circonstances.

J

Juge n.m. - Personne qui assume une fonction publique et qui est dotée du pouvoir de connaître et de définir une question controversée portée légitimement devant lui. Le but de sa charge est double : certifier la vérité des faits et appliquer fidèlement la loi.

Jurisprudence, n.f.-Ensemble des décisions des tribunaux administratifs ou judiciaires qui constitue une source du droit. Faire jurisprudence signifie faire autorité et servir d'exemple dans un cas déterminé ; créer un précédent.

Juste peine - Peine obligatoire - indéterminée dont le but est de sanctionner, de façon appropriée, le délit.

L

Latae sententiae - voir peines Latae sententiae.

Légalité (Principe de) - Principe selon lequel personne ne peut être poursuivi pour crime qu'en vertu d'une règle du droit préexistant à son acte ni être puni avec des peines qui ne sont pas établies par la loi. Il se formule ainsi en latin : « Nullum crimen, nulla poena sine lege praevia ».

Légitime défense- Elle consiste en une réaction individuelle pour se défendre et défendre ses droits contre un agresseur qui, tout au moins matériellement est injuste ; mais à condition que la riposte soit dûment modulée, c'est-à-dire en gardant la modération requise (la proportion entre le moyen employé pour la défense et celui qui a été utilisé par l'agresseur ou entre l'agression et l'importance du droit à défendre). La légitime défense se base sur ce principe : « Licet vim vi repellere ».

Légitime, adj. - Qui est fondé en droit, consacré par la loi ou reconnu conforme au droit, à la raison au bon sens.

Légitimer, v.t.- Rendre légitime.

Légitimité, n.f.- Etat, qualité de ce qui est légitime ou considéré comme tel.

Léser, v.t.- Blesser, endommager, offenser.
Lésion, n.f. – Action de porter atteinte à un droit, à un intérêt ou résultat de cette action.

Libelle n.m. – Demande ou requête judiciaire. Acte de volonté qui s'adresse au juge pour que celui-ci donne satisfaction à une prétention.

Libellé, n.m.- Termes dans lesquels un acte est rédigé ; teneur de l'acte.

Libeller, v.t.- Rédiger ; énoncer par écrit. Rédiger en la forme ; dresser un acte en bonne et dûe forme.

Libératoire, adj.- Qui emporte une extinction d'une obligation.

Licéité, n.f.- Caractère de ce qui est licite.

Licite, adj. - Qui n'est pas défendu par la loi, par l'autorité établie.

Litige, n.m. - Différend, désaccord, conflit, controverse.

Litigieux, adj. - qui est l'objet d'un litige.

Litiscontestation n.f. - Situation qui résulte de la détermination de l'objet du litige, c'est-à-dire ce sur quoi portera le procès. La doctrine distingue entre la « litiscontestation simple », cas où l'on procède à la fixation de l'objet du litige immédiatement après la réponse du défendeur en tenant compte des demandes du demandeur et la « litiscontestation solennelle », lorsque les deux positions des parties n'apparaissent pas avec suffisamment de clarté, du fait de la difficulté et de la complexité de l'affaire. Dans ce cas, le juge devra convoquer les parties pour les mettre d'accord sur le ou les doutes.

Litispendance, n.f. - C'est un des effets de la citation. Elle signifie que le procès concernant la chose soumise au jugement étant engagé, ni le demandeur ni le défendeur ne peuvent disposer de cette chose en modifiant sa situation ou son état au détriment de celui à qui la chose sera attribuée. Le principe en est : *Lite pendente, nihil innovetur.*

Loi, n.f.- Source normative du droit s'appliquant indistinctement à un ensemble de personnes et ayant pour auteur le législateur.

Loi pénale– Loi assortie ou munie d'une sanction pénale.

M

Majeur - qui a dix-huit ans accomplis ou plus.

Mandant n.m. - Celui qui, en vertu de son autorité, ordonne à un autre d'exécuter le délit. (ce dernier est appelé exécuteur matériel). Le mandant est considéré comme auteur principal.

Mandat n.m. - Pouvoir qu'une personne donne à une autre d'agir en son nom.

Mariage, n.m.- «l'alliance matrimoniale, par laquelle un homme et une femme constituent entre eux une communauté de toute la vie, ordonnée par son caractère naturel au bien des conjoints ainsi qu'à la génération et à l'éducation des enfants » (can. 1055 §1. C'est le septième et dernier sacrement dans l'Eglise catholique.

Masturbation - Excitation manuelle de ses propres organes génitaux externes dans le but de provoquer le plaisir sexuel. Elle se rencontre dans les deux sexes et constitue jusqu'à l'adolescence la forme la plus fréquente d'excitation sexuelle. Elle ne devient pathologique que par son caractère public.

Matériel pédopornographique - Toute représentation, indépendamment du moyen utilisé, d'un mineur impliqué dans une activité sexuelle explicite, réelle ou simulée, ou toute représentation d'organes sexuels de mineurs à des fins principalement sexuelles.

Matière ou forme d'expression de la preuve - Ce qui s'ajoute au moyen d'instruction pour qu'il puisse remplir sa finalité.

Menace, n.f. - Acte d'intimidation consistant, pour une personne, à inspirer à une autre la crainte d'un mal projeté contre sa personne, sa famille ou ses biens par l'annonce (écrite ou verbale, publique ou privée) de la mise à exécution de ce projet.

Meurtre, n.m.- Homicide volontaire ; le fait de donner volontairement la mort à autrui.

Mesure conservatoire - acte administratif dont le but est de prévenir les scandales, protéger la liberté des témoins et garantir le cours de la justice. Il s'agit d'une mesure prudentielle et non pénale.

Mineur, n.m.- toute personne âgée de moins de dix-huit ans ou équiparée comme telle par la loi.

Mitiger v.t. - Adoucir, rendre moins rigoureux.

Mitigation (des peines) - Atténuation de la peine normalement prévue.

Monition n.f. - Avertissement adressé à une personne qui est en voie de commettre un délit ou sur qui pèse un soupçon d'avoir commis un délit. C'est un remède pénal.

Motif, n.m.- Fondement, cause de justification ; raison de principe ou de circonstances invoquée pour justifier une décision ou un comportement.

Motifs de preuve- Raisons, arguments ou fondements que les moyens de preuves comportent et qui sont susceptibles de créer la certitude des faits dans l'esprit du juge.

Moyens de preuves– Modes ou instruments admis par la loi pour produire les preuves au procès.

Multiplication des délits- En rapport avec le concours de plusieurs délits. Cette multiplication se base sur le fait qu'en général, le nombre de peines doit correspondre au nombre de délits. Dans le cas de peines latae sententiae, les peines se multiplient automatiquement et s'accumulent selon le nombre de délits commis.
Pour les peines ferendae sententiae : voir absorption ou accumulation juridique. La multiplication des délits peut être simultanée (lorsque l'action délictueuse enfreint plusieurs normes pénales) ou successive (lorsque l'on commet des actions délictueuses successives de la même espèce ou d'espèces distinctes).

Mutilation n.f. - Le fait de perdre complètement ou partiellement un membre ou un organe externe. Figure de délit contre la vie et la liberté humaines.

N

Ne bis in idem- Principe juridique qui se base et résume les exceptions péremptoires de procès terminé. Selon ce principe, il n'est plus possible d'examiner à nouveau une cause, car celle-ci a été légitimement tranchée.

Négligence n.f. - Omission illégitime d'un acte de pouvoir ou de ministère. Pour qu'il y ait délit, cette négligence doit être coupable. Dans ce cas, elle constitue un délit dans l'exercice des charges ecclésiastiques.

Négoce n.m. - Ensemble des activités d'un commerçant. L'interdiction d'exercer un négoce signifie l'habitude de négocier et non pas de procéder à quelques actes occasionnels. Quatre éléments sont nécessaires pour que l'on puisse parler de négoce prohibé : 1) que la chose vendue ait été achetée ou échangée, c'est-à-dire, acquise à titre onéreux ; 2) qu'elle ait été achetée pour la vendre ensuite ; 3) qu'elle ait été achetée pour la vendre plus chère ; 4) qu'il y ait été eu ou non une transformation préalablement faite par des ouvriers. Le négoce est un délit contre les obligations spéciales.

Nemo iudex sine actore– Principe juridique qui dit que personne n'est juge s'il n'y a pas d'acteur.

Non-rétroactivité, - Principe en vertu duquel, à défaut de disposition contraire, le juge ne peut appliquer une loi nouvelle à des situations préexistantes.

Notaire n.m. – Greffier (lors d'un procès). Officier public nommé par l'autorité pour authentifier par écrit les actes réalisés en sa présence. Il peut être administratif ou judiciaire. Sa signature fait foi et est requise pour la validité des actes du procès.

Notification, n.f. – Action de notifier ; acte par lequel on notifie.

Notifier v.t. – Faire connaître à quelqu'un dans les formes légales ou en usage ; faire part de ; avertir de.

Notitia de delicto - Appelée aussi *notitia de criminis,* est toute information sur un délit éventuel qui parvient de quelque manière que ce soit à l'Ordinaire ou au Hiérarque. Il ne s'agit nécessairement d'une dénonciation officielle.

Notoire, adj. - Qui est connu de manière sûre, certaine et par un grand nombre de personnes.

Notoire de droit - qui est affirmé par une sentence judiciaire définitive.

Notoire de fait - qui est évidemment certain.

Notoriété, n.f. - Caractère de ce qui est notoire.

Nullité n.f. - Inefficacité d'un acte juridique, résultant de l'absence d'une des conditions de fond et de forme requises pour sa validité.

O

Obligation de la résidence- Le canon 283 pose cette obligation dans le diocèse et dans le lieu où est l'office dont on a la charge. Le fait délictueux est l'inaccomplissement grave, réitéré ou habituel de cette obligation. La violation de cette obligation constitue un délit contre les obligations spéciales.

Obreption, n.f.- Allégation fausse, mensonge.

Occulte- non public.

Office (ecclésiastique) n.m. - Toute charge constituée de façon stable par disposition divine ou ecclésiastique pour être exercée en vue d'une fin spirituelle.

Official, n.m.- Responsable de l'officialité qui exerce au nom de l'évêque le pouvoir judiciaire.

Officialité, n.f. - tribunal diocésain ou interdiocésain.

Omission, n.f. - Fait volontaire ou non, de ne pas accomplir ce qui devait l'être. Comportement négatif qui constitue dans certains cas l'élément matériel du délit.

Onus recurrendi - Obligation de recourir sous peine de retomber sous le coup de la censure. Voir canon 1357.

Onus probandi incumbit ei qui asserit- La charge de la preuve appartient à celui qui affirme, c'est-à-dire l'acteur. Ou *Affirmati incumbit probatio*. La conséquence de ce principe est *Actore non probante reus absolvitur* (si le demandeur ne prouve pas, le défendeur est absous. C'est-à-dire acquitté).

Ordinaire n.m. -Supérieur, c'est-à-dire celui qui jouit du pouvoir exécutif.

Ordination sans lettres dimissoriales- Délit d'ordination illégitime qui consiste pour un évêque à ordonner des diacres ou des prêtres qui ne sont pas ses propres sujets et qui ne présentent pas les lettres dimissoriales (qui confèrent l'autorisation d'ordonner et qui sont nécessaires pour connaître le candidat et s'assurer de son idonéité). Il y a aussi l'ordination d'un évêque sans mandat pontifical. Ces deux figures de délits sont des délits d'usurpation des charges ecclésiastiques et dans leur exercice.

Ordre, n.m., - Sacrement par lequel un baptisé devient ministre sacré ou clerc, c'est-à-dire diacre, prêtre ou évêque.

Organe de la preuve- Personne qui exerce la fonction probatoire.

Outrage, n.m. – Offense ou injure extrêmement grave (de parole ou de fait)

Outragé, adj. et n.m. – qui a subi un outrage.

Outrage matériel n.m. – Violence physique, voies de fait (non en paroles), délit qui consiste en toute action injurieuse qui porte atteinte à la personne (blessure, meurtre), sa liberté (rapt, détention), sa dignité (par exemple, on déchire ses vêtements), l'action doit être physique, extérieure et violente, visant le corps, la liberté ou l'honneur.

P

Pacte d'honoraires trop élevés- Pacte qui consiste dans un accord par lequel, en plus des honoraires, la partie versera une somme importante à l'avocat ou au procureur en cas de succès.

Pacte de quote-part de la chose litigieuse- Corruption qui consiste dans l'engagement de remettre une partie de la chose litigieuse au procureur ou à l'avocat en cas de succès.

Pacte « de non petendo » - Pacte de ne pas faire le procès.

Paraphilie, n.f. - nombre de comportements sexuels que l'on juge dangereux pour la personne qui s'y adonne ou pour la société. Amour d'une activité sexuelle inusitée ou atypique.

Parjure n.m. - Délit qui consiste à violer le serment fait devant l'autorité ecclésiastique, soit pour affirmer, soit pour promettre. Il est donc assertif ou promissoire ; judiciaire ou extrajudiciaire. C'est un délit contre la religion et l'unité de l'Eglise.

Pars conventa- Convenu, défendeur, partie défenderesse.

Participation active- Interdiction faite à un clerc excommunié, suspens ou interdit d'être ministre à la célébration de l'Eucharistie, des autres sacrements ou d'autres cérémonies du culte. C'est cette participation qui est interdite et non la participation passive, c'est-à-dire une simple assistance.

Passible, adj. - Qui peut souffrir, subir (Passible de poursuite judiciaire et de peine)

Passif, adj. et n.m.- Caractérisé par le fait de subir, d'être soumis (Passif de la loi)

Passion (Violente) n.f. - Comportement engendré par l'impulsion grave d'une passion, c'est-à-dire d'un mouvement de la sensibilité.

Pédérastie, n.f. - Attirance sexuelle d'un homme adulte pour les jeunes garçons. Relation physique fondée sur cette attirance.

Pédophilie n.f. - Attirance sexuelle d'un adulte pour les enfants (Rapport sexuel entre un adulte et un mineur). Mais le droit canonique parle plutôt de violences sexuelles ou d'abus sexuels sur les mineurs. C'est un délit contre les obligations spéciales, réservé à la Congrégation pour la Doctrine de la Foi.

Pédopornographie n.f. Délit qui consiste à acquérir, à détenir ou à divulguer, à une fin libidineuse, des images pornographiques. Le droit canonique parle des images pornographiques des mineurs de moins de quatorze ans.

Peine n.f. - Privation d'un bien spirituel ou temporel, infligée par l'autorité légitime, conformément à la fin surnaturelle de l'Eglise (Cf. can 1312). Elle peut être déterminée-obligatoire ; déterminée-facultative ; indéterminée-obligatoire ; indéterminée - facultative. Elle peut être aussi perpétuelle ou temporaire.

Peines expiatoires - Peines dont la finalité est de réparer l'ordre perturbé (réparation du scandale et rétablissement de la justice). Leur but principal est le châtiment du coupable.

Peines médicinales- Voir censures .Elles visent à guérir.

Peine ferendae sententiae - Peine infligée par sentence judiciaire ou décret administratif.

Peine latae sententiae- Peine encourue automatiquement, c'est-à-dire du seul fait de la commission d'un délit.

Pénitencerie apostolique (la) - Tribunal apostolique qui concerne le for interne et les indulgences. Pour le for interne, aussi bien sacramentel que non-sacramentel, elle accorde les absolutions, les dispenses, les commutations, les validations, les remises de peine et d'autres grâces. Elle veille à ce que, dans les basiliques patriarcales de Rome, il y ait un nombre suffisant de pénitenciers, munis des facultés nécessaires. Le même dicastère est chargé de tout ce qui concerne la concession et l'usage des indulgences, étant sauf le droit de la Congrégation pour la doctrine de la foi d'examiner tout ce qui regarde la doctrine dogmatique des indulgences (*PB*, articles 117-120).

Pénitence canonique - Sanction de for externe qui consiste dans l'accomplissement d'une œuvre de religion, de piété ou de charité et dont le but est de substituer ou d'augmenter une peine.

Perpetuatio iurisdictionis - Stabilité de juridiction. C'est un des effets de la citation ; avec elle, la cause appartient désormais au juge qui, avec la citation, a commencé à la traiter.

Personne n.f. - Sujet des droits et des obligations. Cette personne peut être physique (= personne humaine) ; juridique publique ou privée ; morale (par institution divine).

Personne vulnérable - Toute personne se trouvant dans un état d'infirmité, de déficience physique ou psychique, ou de privation de liberté personnelle qui, de fait, limite sa capacité de compréhension ou de volonté ou en tout cas de résistance à l'offense.

Perte de l'usage de la raison– Perte momentanée de l'usage de la raison, perte dûe à des causes autres que les causes seulement psychiques, par exemple ivresse, drogue ; le cas ici considéré est la perte de l'usage de la raison involontaire et non la perte volontaire non préméditée et la perte volontaire affectée ou préméditée.

Pétitoire, adj. – Qui a trait à la protection en justice de la propriété immobilière ou des autres droits réels immobiliers. Action pétitoire ; action en justice qui tend à une telle protection.

Petitum – Demande. En effet, pour être admissible, le recours doit déterminer avec clarté le *petitum* (la demande) et contenir les motivations *in iure* et *in facto* sur lesquelles il se fonde.

Pièce, n.f. – document, écrit, papiers ; documents produits devant le juge par les parties pour appuyer leurs prétentions. Pièce à conviction : Objet placé sous-main de justice qui a pour effet de servir d'éléments de preuve dans un procès.

Plaidoirie - Exposé oral d'un avocat visant, dans une affaire pénale, à défendre un accusé et, plus généralement, à soutenir une cause devant un tribunal.

Plaideur n.m. - celui qui plaide ou fait une plaidoirie.

Plainte, n.f. - Acte par lequel la victime d'une infraction porte ce fait à la connaissance de l'autorité compétente.

Plainte en nullité- Moyen ordinaire pour attaquer une sentence nulle. Est nulle une sentence qui, malgré l'apparence de validité, est entachée d'un défaut grave concernant sa substance ou sa forme. (Une sentence inexistante est dépourvue de l'apparence même de validité).

Pleine compatibilité juridictionnelle-Principe qui consiste au fait de réserver la compétence à des matières dont les contenus juridiques reviennent en exclusivité à un ordonnancement juridique déterminé(par exemple, les sacrements pour l'Eglise catholique).

Ponent n.m.- Appelé aussi Rapporteur. C'est le juge qui a pour tâche de faire rapport de la cause à la réunion des juges et de rédiger les sentences.

Pourvoir v. t. - mettre en possession ce qui est nécessaire, munir, garnir. v.t. ind. - fournir à quelqu'un ce qui est nécessaire. - **se pourvoir** v. p. - Former un pourvoi ; interjeter appel (se pourvoir en cassation).

Pouvoir, n.m. - faculté de commander.

Pouvoir de gouvernement- Pouvoir public donné par le Christ à l'Eglise pour gouverner les fidèles afin qu'ils atteignent leur fin surnaturelle. On l'appelle aussi pouvoir de juridiction et il se distingue en pouvoirs législatif, exécutif et judiciaire.

Précepte n.m. - En droit pénal, source normative pénale. Instrument formel d'imposition de peines. Il s'agit d'un vrai acte administratif particulier - voir can. 49.

Préméditation, n.f. - Dessein réfléchi, formé avant l'action, de commettre un délit déterminé.

Premier siège– Le Pontife Romain. Il faut l'entendre aussi bien des décisions qu'il prononce que de celles qu'il fait siennes en les approuvant ou en les acceptant expressément ou formellement. Personne ne peut juger le Premier Siège. Ce jugement est inexistant selon la regula juris communis : « Quod non est, confirmari non potest ».

Prescription n.f. - Manière d'acquérir ou de perdre un droit subjectif ou encore de se libérer d'obligations. En droit pénal, c'est un moyen d'extinction de l'action criminelle et de l'action pénale. D'où on parle de prescription acquisitive ou extinctive.

Présomption n.f. - Supposition, conjecture probable d'une chose incertaine. Conclusion raisonnable au sujet d'une chose incertaine, qui se base sur les indices qui l'entourent fréquemment. Elle peut être de droit (=légale) ou de l'homme (=simple). Sont supprimées les présomptions iuris et de iure.

Présupposé - ce qui est supposé préalablement à une action... On distingue les *présupposés* *juridictionnels*, relatifs aux prérogatives du Saint-Siège, aux causes réservées au Pontife Romain et à la Rote Romaine, à la compétence des juges de première instance, aux titres de compétence ... ; *structurels* qui concernent les diverses instances et les sortes des tribunaux ; *personnels* qui regardent les membres des tribunaux et les parties de la cause, et *disciplinaires* qui concernent la discipline ou le règlement des tribunaux.

Prétention, n.f.- Affirmation en justice tendant à réclamer quelque chose, soit de la part du demandeur (par demande principale ou incidente), soit de la part du défendeur (par action reconventionnelle) et dont l'ensemble détermine l'objet du litige.

Prévaricateur n.m. - Témoin qui favorise la partie qui l'a proposée, à l'encontre de la vérité et de la justice, par amitié ou par désir d'aider une partie qu'une autre.

Prévenir v.t. - Empêcher de commettre un délit lorsqu'on est en péril de le faire.

Prévention n.f. - En droit processuel, manière d'établir la compétence d'un juge lorsque plusieurs juges sont également compétents. Le juge le plus diligent pour citer le défendeur fait sienne la cause selon le principe de la priorité temporelle « PRIUS IN TEMPORE POTIUS IN IURE ». Le juge peut opposer l'exception adéquate si un autre juge voulait procéder.

Preuve n.f. - 1) Démonstration d'un fait douteux et controversé faite au juge au moyen d'arguments légitimes. On distingue les preuves directes (qui concernent directement l'objet ou ce qu'il faut établir, tels les documents, les aveux …) et les preuves indirectes (lorsque l'objet qui s'offre au juge est différent du fait qu'il faut prouver, mais lui est connexe et qu'on doit le déduire en raisonnant du connu à l'inconnu, comme on le fait avec les indices et les présomptions) ; les preuves historiques et les preuves critiques, selon qu'elles remplissent ou non une fonction représentative ; les preuves premières, offensives ou de décharge, et les preuves contraires, défensives ou de charge, selon la finalité qu'elles poursuivent ; les preuves personnelles et les preuves réelles ou matérielles, d'après le moyen qui fournit la preuve :

personnes ou choses ; les preuves pleines, complètes, parfaites, et celles qu'on appelle improprement semi-pleines au lieu d'incomplètes ou d'imparfaites, selon qu'elles sont suffisantes ou insuffisantes pour engendrer chez le juge la certitude morale ; les preuves des parties et celles d'office, d'après les personnes qui les proposent, les parties ou le juge ; les preuves simples ou les preuves composées, concurrentes et contradictoires, selon qu'elles se composent d'un ou de plusieurs moyens qu'elles tendent à s'accorder pour convaincre le juge ou qu'elles tendent à produire des convictions contraires ; les preuves judiciaires et les preuves extrajudiciaires, selon qu'elles sont recueillies au cours du procès ou en dehors du procès ; les preuves normales ou les preuves anticipées, selon que ces preuves sont présentées lors de la phase probatoire ou avant la litiscontestation ; les preuves préconstituées et causales, selon qu'elles sont créées avec l'intention de produire une preuve pour un éventuel procès ou sans aucune intention d'apporter une preuve future. 2) Selon le *Vademecum,* tout matériel recueilli pendant l'enquête préliminaire et éventuellement acquis : tout d'abord les procès-verbaux des accusations portées par les victimes présumées, puis les documents pertinents (par exemple, dossiers médicaux, courriers échangés mêmes par voie électronique, photographies, preuves d'achat, relevés de compte bancaire), les procès-verbaux de déclarations d'éventuels témoins et enfin d'éventuelles expertises (médicales - parmi lesquelles des expertises psychiatriques, psychologiques, graphologiques) que celui qui a mené l'enquête aura estimé devoir recueillir ou faire exécuter.

Privation n.f. - Perte d'un office ecclésiastique imposée de façon judiciaire ou administrative au terme d'un procès ou d'une procédure criminelle. Perte d'un pouvoir, d'une charge, d'un droit, d'un privilège, d'une faculté, d'une faveur, d'un titre, d'une marque de distinction même honorifique. En droit pénal, la privation est une peine pour un délit commis.

Privilège n.m. - Acte administratif particulier considéré par la tradition comme « loi privée concédée avec intention bienveillante. Grâce donnée par un acte particulier en faveur de certaines personnes physiques ou juridiques par le législateur : per se vel per alium(une autorité exécutive à qui il octroie ce pouvoir).

Procédure, n.f. - Ensemble des règles qui gouvernent un type de procès.

Procès n.m. - Au sens strict, il s'agit du procès judiciaire. Il consiste en une série successive et ordonnée d'actes légitimes posés par les titulaires du pouvoir judiciaire (juges) et les titulaires de l'acte (acteur, convenu) pour résoudre, de façon contradictoire, un conflit de droit.

Procès contentieux- Procès judiciaire qui a comme objet la poursuite ou la revendication des droits subjectifs ou les faits juridiques à déclarer. Il se distingue du procès judiciaire pénal. Il peut être ordinaire (tout se fait par écrit) ou sommaire, c'est-à-dire oral.

Procès documentaire- Procès judiciaire ainsi dénommé parce que toute la preuve se fonde sur un document incontestable. Il s'agit d'un vrai procès judiciaire extrêmement simplifié, car les solennités du procès contentieux ordinaire sont omises ; de même la preuve et l'instruction sont réduites au minimum.

Procès de mort présumée- Procès qui se base sur une présomption de l'homme, résultant d'un raisonnement qui met en évidence l'enchaînement logique entre le fait incertain de la mort et les données et les indices fournis par les preuves. Selon les cas, elle amène à conclure que la mort de l'absent est seulement possible ou probable ou, au contraire, donne la possibilité morale que l'absent est bien décédé parce que sa survie est impossible. Le fondement de ce procès se trouve dans le fait que le conjoint survivant ne peut contracter un nouveau mariage s'il n'apparaît de manière certaine et légitime que son mariage a été dissous par la mort de l'autre conjoint. Le procès a lieu lorsque le décès n'est pas établi par un document authentique et qu'il est nécessaire de recourir à d'autres moyens de preuve pour avoir la certitude morale du décès. La présomption de la mort, objet de ce procès, n'est pas une fiction, ni une présomption légale fondée sur la longue absence du conjoint et sur la supputation des éventualités les plus probables dans de tels cas.

Procès pénal - procès judiciaire qui a pour but d'imposer des peines.

Procuration, n.f. - Ecrit qui constate le mandat et qui, remis au mandataire, permet à celui-ci de justifier son pouvoir. Le mandat lui-même.

Procureur n.m. - En général, un procureur est une personne qui, en vertu du mandat reçu, s'occupe des affaires qui lui sont confiées par celui qu'il représente. LE PROCUREUR JUDICIAIRE est la personne à qui est donné le mandat légitime d'agir et de répondre devant les tribunaux. C'est un mandataire judiciaire.

Profanation n.m. – Le fait de jeter, d'emporter ou de conserver à une fin sacrilège (par exemple, profanation des espèces de pain ou de vin consacrées) – Utilisation d'une chose sacrée à un usage profane ou impropre (par exemple, profanation d'une Eglise). La profanation d'une ou des espèces consacrées est un délit contre la religion et l'unité de l'Eglise, réservé à la Congrégation pour la Doctrine de la Foi, tandis que la profanation d'une chose sacrée (meuble ou immeuble) est un délit contre les autorités ecclésiastiques et la liberté de l'Eglise.

Promissoire, adj.- Qui contient une promesse d'avenir (exemple : serment promissoire).

Promoteur de justice- Personne qui a la charge de veiller à la promotion et à la protection du bien public provenant de la loi. D'où la nécessité de son intervention dans les causes contentieuses où le bien public peut se trouver impliqué et dans toutes les causes pénales où le bien public est toujours en jeu.

Prononcés (les) n.m. - Dans l'ancien code, le titre correspondant était appelé « de la sentence ». En fait, il signifie lecture d'une (des) décision(s) juridictionnelle(s) sentence interlocutoire ou définitive à l'audience.

Proroger v.t. - Prolonger la durée ou la validité de …, étendre la compétence d'une juridiction.

Prouver v.t. - Démontrer la certitude d'un fait ou la vérité d'une affirmation.

Provision (canonique) n.f. - Acte juridique, de nature administrative, par lequel on assigne un titulaire à un office. La provision simoniaque est un délit dans l'exercice des charges ecclésiastiques.

Provocation n.f. - Le fait d'inciter ou de stimuler quelqu'un par des paroles ou par des actes pour qu'il se mette en colère.

Publication des actes- Acte juridique qui a lieu une fois l'instruction achevée. Elle consiste dans la mise à la disposition des parties et de leurs avocats des actes processuels dont ils n'ont pas encore connaissance. La publication des actes est exigée sous peine de nullité, sauf autre disposition du juge qui, pour éviter des très graves dangers, peut décréter que, dans les affaires qui concernent le bien public, aucun acte ne sera publié, étant sauf le droit de la défense.

Q

Qualité, n.f.- Titre auquel une personne figure dans un acte juridique ou dans un procès.

Quasi-domicile n.m. - Autre titre général et ordinaire pour déterminer le for ou tribunal compétent. Le quasi-domicile s'acquiert par la résidence sur le territoire d'une paroisse ou au moins d'un diocèse, avec l'intention d'y demeurer au moins trois mois si rien n'en détourne, ou prolongée en fait pendant trois mois.

Querela nullitatis - Plainte en nullité d'une sentence.

R

Rapine- n.f., - vol avec violence.

Rapporteur, n.m. voir ponent.

Rapt n.m. - Le fait d'enlever une personne par la force, contre sa volonté. C'est un délit contre la liberté humaine.

Réception simoniaque– Voire simonie. Mais ici, il y a accord simoniaque. La célébration et la réception simoniaque sont des délits dans l'exercice des charges ecclésiastiques.

Récidive n.f. - Répétition d'un délit par le même délinquant. Action de commettre un ou plusieurs délits après une première condamnation pour des faits de même espèce.

Reconnaissance judiciaire- Forme de preuve judiciaire : le juge peut décider, par décret d'examiner de visu un objet, un lieu, etc., en organisant éventuellement un transport judiciaire, c'est-à-dire sur les lieux.

Reconvention n.m. - Voir Action reconventionnelle.

Recours n.m. - Moyen juridique d'attaquer un décret valide, mais considéré comme injuste ou causant préjudice. Il a effet suspensif en droit pénal.

Recours contre un acte du pontife romain– Délit qui consiste dans le recours ou appel au Concile Œcuménique ou au Collège des Evêques, pour s'opposer à tout acte (loi, décret, ...) du Pontife Romain. Tel recours est juridiquement exclu car il y a dans pareil recours un acte implicite de schisme, de négation du primat pontifical. C'est un délit contre les autorités ecclésiastiques et la liberté de l'Eglise.

Rectificatio incontinenti - Voir revocatio incontinenti.

Recueillir v.t. - Rassembler, récolter, réunir.

Récusation n.f. - Fait de refuser, par soupçon de partialité, un juge, un expert... dans les cas prévus par la loi.

Récuser v.t. - Refuser, user de la faculté ou du droit de récusation à l'encontre de ...

Réduction, n.f.- Action de réduire, de diminuer (réduction de peine).

Réformation, n.f. - (pour une juridiction d'appel). Action de réformer sur appel la décision attaquée et résultat de cette action ; espèce d'information consistant, pour le juge d'appel, à modifier en tout ou en partie, la décision - par ailleurs valable - du premier juge.
Réfragable, adj.- Qui admet une preuve contraire.

Réincidence n.f. - Se dit à propos de l'absolution accordée sous condition résolutoire, c'est-à-dire quand par sa réalisation le fait de la condition produit l'extinction de la remise de la peine, faisant ainsi réapparaître la peine. C'est la remise dite « ad reincidentiam » ou la réincidence.

Relaxe n.f. - 1) **Constat de non** : acquittement. Décision prise au terme d'un procès pénal si la non culpabilité de l'accusé est moralement certaine, parce que le fait est inexistant, ou que l'accusé ne l'a pas commis, ou que le fait n'est pas prévu par la loi comme délit, ou qu'il a été commis par une personne à qui il ne peut pas être imputé. 2) **Non constat** : Acquittement au bénéfice du doute. Décision prise au terme d'un procès pénal, s'il n'a pas été possible d'atteindre la certitude morale de la culpabilité de l'accusé, par défaut ou insuffisance ou contradiction de la preuve de l'existence du fait ou de sa commission par l'accusé, ou de son imputabilité à l'accusé.

Remède pénal- Mesure canonique modérée ayant un caractère pénal, de nature préventive et répressive, utilisée dans les cas prévus par la loi et infligée en vue de maintenir l'ordre social. Sa finalité est triple : punitive, préventive et répressive.

Remise en l'état- En latin « Restitutio in integrum ». C'est le moyen ordinaire pour attaquer une sentence passée à l'état de la chose jugée, dont l'injustice est évidente.

Remise sous condition– (Voir rémission). Remise sous condition : remise donnée sous des conditions concernant le passé, le présent, ou l'avenir, auquel cas la remise prend effet au moment de la réalisation du fait qui la conditionne. La condition peut être résolutoire (quand par sa réalisation, le fait de la condition produit l'extinction de la remise de la peine, faisant ainsi réapparaître la peine) ou suspensive (quand par sa réalisation le fait de la condition produit la remise (par exemple, si tu te rétractes publiquement).

Rémission n.f. - Acte du supérieur en vertu duquel le sujet se voit relevé de l'obligation d'accomplir la peine. Relâchement du lien pénal contracté, décidé par un acte positif de l'autorité légitime.

Renonciation à l'appel– voir **appel**.

Réparation, n.f. - Dédommagement d'un préjudice par la personne qui en est responsable.

Repentir n.m. - Cessation de la contumace, résipiscence du délinquant.

Réplique n.f. - Objection, réponse vive à ce qui a été dit ou écrit. Réponse à une réponse ; se dit de celle faite par l'avocat qui a parlé le premier à l'avocat qui a parlé le second ou des conclusions et moyens par lesquels le demandeur répond à ceux du défendeur.

Répression, n.f.- L'action de réprimer incluant l'incrimination des faits délictueux, la poursuite de leurs auteurs et l'infliction des peines.

Réprimer v.t. - Empêcher par la contrainte le développement d'une action jugée dangereuse.

Réprimande n.f. - Remède pénal qui consiste en la désapprobation d'un comportement déterminé qui suppose, chez le réprimandé, une conduite irrégulière, même si elle n'est pas délictueuse au sens strict.

Repris de justice- Se dit communément de celui qui a déjà encouru une ou plusieurs condamnations pénales.

Réputation n.f. - Renommée.

Requête n.f. - voir Libelle.

Rescinder v.t. - Annuler par rescision.

Rescision n.f. - Annulation judiciaire par lésion (un acte rescindable ou annulable est un acte valide et doté d'efficacité, mais qui est atteint pas quelque vice en raison duquel l'autorité légitime peut l'annuler).

Rescisoire adj. - Qui peut être rescindé, annulé. ACTION RESCISOIRE.

Rescrit n.m. - Acte administratif particulier donné par écrit par l'autorité exécutive compétente, par lequel à la demande de quelqu'un, est concédé selon sa nature propre un privilège, une dispense ou une autre grâce.

Réserve n.f. - Acte en vertu duquel un supérieur retient un pouvoir qui appartient ou peut appartenir à un autre supérieur hiérarchiquement subordonné.

Résidence n.f. - Terme qui exprime le lieu dans lequel on demeure (commoratio), c'est-à-dire où l'on passe la nuit et non le lieu où l'on travaille, qui est si souvent aujourd'hui situé dans un autre endroit ou une autre commune distincte de celle où l'on demeure.

Résolutoire, adj. - qui est propre à opérer la résolution du contrat (exemple, condition résolutoire) ou qui tend à cette résolution (action résolutoire). Condition qui, lorsqu'elle s'accomplit, opère l'anéantissement rétroactif de l'obligation qu'elle affecte.

Responsabilité n.f. - Cf. Imputabilité, mais ici, la responsabilité concerne la relation entre l'auteur de l'acte et celui à qui il doit en répondre.

Restitutio in integrum - voir Remise en l'état.

Rétention illégitime- Délit qui se produit lorsque le titulaire de l'office, après avoir été privé de sa charge, ou après la cessation de celle-ci, selon les canons 184-196, oppose résistance à abandonner l'office. Dans ce sens, elle est équiparée à l'usurpation. C'est un délit dans l'exercice des charges ecclésiastiques.

Rétracter v.t. - Retirer, désavouer ce qu'on a dit ou fait. SE RETRACTER - v.p. - Revenir sur ce qu'on a dit, se dédire.

Rétroactif, adj.- Qui exerce une action sur ce qui est antérieur, sur le passé (effet rétroactif).

Rétroactivité, n.f. - Caractère rétroactif.

Révision, n.f.- Réexamen juridictionnel d'une décision en vue de sa rétractation (par le même juge) ou de son annulation par une juridiction supérieur, auquel fait suite, le cas échéant un nouveau jugement sur le fonds de l'affaire.

Révocation n.f. - Perte forcée d'un office ecclésiastique, sans collation d'un autre, imposée par l'autorité compétente, pour une cause grave et selon la procédure prescrite. Elle peut se faire par décret ou en vertu du droit lui-même.

Revocatio incontinenti- Elle se produit, sur le champ, lorsque celui qui fait un aveu ou une déclaration rectifie aussitôt après ses paroles, qui lui ont échappé par inadvertance ou par méprise.

On parle aussi de RECTIFICTIO INCONTINENTI.

Rogatoire - voir commission rogatoire.

Rote romaine (la)- Tribunal apostolique de for externe, ordinaire, collégial. Elle juge : en deuxième instance, les causes qui ont été jugées par les tribunaux ordinaires de première instance et qui sont déférées au Saint-Siège par appel légitime, en troisième instance et au-delà, les affaires déjà traitées par la Rote Romaine elle-même et n'importe quel autre tribunal à moins que la cause ne soit passée en force de chose jugée. Elle juge également en première instance les causes dont il s'agit au can. 1405, § 3, ou les autres que le Pontife Romain de son propre chef ou à la requête des parties, aura appelées devant son tribunal et confiées à la Rote Romaine, à moins d'une autre disposition dans le rescrit de commission, la Rote les juge aussi en deuxième instance et au-delà (can 1444). La Rote Romaine ne peut juger :

1) Les causes réservées au Pontife Romain (Elle peut les juger comme tribunal délégué).

2) Les questions portant sur la foi et les mœurs (PB 52).
3) Les causes de béatification et de canonisation des serviteurs de Dieu (PB 72, §2).
4) Les causes qui ne suivent pas une procédure ordinaire (PB 19§ 2).
5) Les causes issues de l'exercice du pouvoir administratif ou des conflits de compétence entre les dicastères du Saint-Siège, ou d'autres causes relevant de la compétence de la Signature apostolique (can. 1445 ; PB 122-123).

Ruse n.f. - Habileté de quelqu'un à agir de façon trompeuse, déloyale.

S

Sacramentaux- « Signes sacrés par lesquels, à l'imitation des sacrements, sont signifiés et obtenus à la prière de l'Eglise des effets surtout spirituels » (can. 1166). Ce sont des consécrations et dédicaces, des exorcismes, des bénédictions …

Sacrement- n.m.- « Action de Dieu et de l'Eglise, signe et moyen par lequel la foi s'exprime et se fortifie, le culte est rendu à Dieu et se réalise la sanctification des hommes » (can. 840).

Sacrilège n.m. – Au sens large, tout délit contre la religion. Au sens strict, la violation d'une personne ou d'une chose consacrée à Dieu par une action qui s'oppose directement à la sainteté de cette personne ou de cette chose.

Sanctions n.f. – Peines proprement dites (censures et peines expiratoires) et autres punitions (remèdes pénaux et les pénitences). Toute riposte de l'autorité compétente devant un comportement qui est contraire à la discipline ecclésiastique.

Scandale, n.m.- Acte ou attitude qui risque de conduire les autres fidèles à pécher ou à commettre un délit. Trouble de l'ordre. Emotion négative de l'opinion publique. Le scandale est considéré comme une circonstance aggravante.

Schisme n.m. - Refus de soumission au Pontife Suprême ou de communion avec les membres de l'Eglise qui lui sont soumis. C'est un délit contre l'unité de l'Eglise.

Scopophilie n.f. - Action d'obtenir le plaisir sexuel en regardant les actes sexuels ou des organes génitaux. C'est une forme de voyeurisme.

Secret, n.m. - qui ne doit pas être révélé, divulgué.

Secret judiciaire - Dans un procès, les juges et les autres ministres du tribunal sont tenus au secret lorsque la révélation d'un acte de procédure ou d'une preuve risque de causer un dommage. Le juge peut imposer le serment de secret aux témoins, avocats, etc. Dans un tribunal collégial, les juges sont tenus au secret des délibérations.

Sentence n.f. - Décision prise par le juge, au sujet d'une affaire soumise à la justice. Elle peut être interlocutoire (qui met fin à un incident) ou définitive (qui achève le procès).

Séquestré, adj.- Qui est victime d'une séquestration.

Séquestration n.f. - Action qui consiste à maintenir arbitrairement une personne enfermée. Il s'agit d'un délit contre la liberté humaine.

Séquestre ou mise sous séquestre- Mesure ou saisie conservatoire. Rétention temporaire d'une chose qui est confiée à un tiers désigné par le juge. Trois hypothèses permettent d'exercer des actions préventives : on peut vouloir prouver que l'on a un droit sur une chose que détient un tiers ou sur un droit détenu ou exercé par un autre ; ou encore on peut vouloir montrer que l'on est titulaire d'une créance non payée.

Serment n.m. - Invocation du nom divin comme témoin de la vérité, faite avec discernement et selon la justice. (can. 1199 §1). Serment promissoire : Acte de jurer librement de faire quelque chose qui crée une obligation religieuse particulière d'accomplir sa promesse. Serment assertoire qui consiste à déclarer qu'on a accompli sa promesse (avoir dit la vérité)

Siège apostolique- Sous le nom de siège apostolique ou de Saint-Siège, on entend dans le présent Code, non seulement le Pontife Romain, mais encore, à moins que la nature des choses ou le contexte ne laisse comprendre autrement, la Secrétairerie d'Etat, le Conseil pour les affaires publiques de l'Eglise et les autres instituts de la curie romaine » (Can. 361). L'expression « Saint-Siège » est préférée à celle de Siège Apostolique dans les relations diplomatiques.

Signature apostolique (la) - Appelée aussi Tribunal suprême de la signature apostolique. C'est un tribunal apostolique de for externe, qui a compétence :

1. En matière judiciaire. Dans cette première section, comme tribunal judiciaire, la Signature juge : a) la plainte en nullité

contre les sentences de la Rote Romaine en cas de nullité selon les canons 1620 et 1622 ; b) les demandes de remise en l'état contre les sentences de la Rote, dans les délais légaux et pour les motifs indiqués aux canons 1645-1646 ; c) d'autres recours contre les sentences de la Rote dans les causes portant sur l'état des personnes, si la Rote a refusé de les réexaminer (can. 1445, § 1, n° 2) ; d) les exceptions de suspicion et d'autres causes contre l'un des auditeurs de la Rote Romaine, pour des actes commis dans l'exercice de leur charge (can. 1445, § 1, n°3) ; e) les conflits de compétence entre les tribunaux soumis à des tribunaux d'appel distincts (can. 1416 et 1445, §1. N. 4). Dans cette première section, la Signature apostolique n'est pas un tribunal d'appel, mais un tribunal de cassation.

2. En matière contentieux-administrative. Dans cette deuxième section, comme tribunal administratif, la Signature est compétente pour : a) les recours contre les actes administratifs particuliers portés par les dicastères de la curie romaine ou approuvés par eux, pourvu que soit alléguée une violation de la loi ; la Signature décide, aussi, s'il y a lieu, des dommages-intérêts (can 1445. § 2.) ; b) les conflits administratifs dont la solution lui

est confiée par le Pontife Romain (can. 1445, §2) ; c) les controverses administratives que les dicastères de la Curie romaine soumettent à son jugement (can. 1445, §2 ; d) les conflits de compétence entre les dicastères de la Curie romaine (can. 1445, §2 ; PB 20 et 123, §3).

3. En matière administrative. La troisième section, appelée telle de facto, est aussi, dans un certain sens, un dicastère, un organe administratif, et doit, ainsi : a) veiller à la correcte administration de la justice selon les normes des canons (can 1445, §3, n° 1 ; PB 124,1) ; b) faire des observations sur le travail des avocats et procureurs et, éventuellement, les punir (can 1445, §3,1) ; c) proroger la compétence des tribunaux (can. 1445, §3, n° 2 ; PB 124,3) ; d) veiller à la constitution de tribunaux interdiocésains de première instance (can. 1423) et d'un ou plusieurs tribunaux d'appel, lorsque le tribunal interdiocésain est formé par des diocèses de la même province ecclésiastique, ou lorsqu'il est composé de tribunaux de provinces distinctes (can. 1439 ; PB 124,4) ; e) approuver la formation ou l'usage de tribunaux d'appel pour juger les causes qui relèvent habituellement de la compétence du Saint-Siège, c'est-à-dire approuver des

tribunaux de troisième instance (*PB,* 124,4) ; f) juger les demandes adressées au siège apostolique pour obtenir que la cause soit déférée à la Rote Romaine ou par une autre grâce relative à l'administration de la justice (*PB,* 124, §2 ; can 1444, §2 et *PB,* 129, §1, 4 et §2). En 1995, le Pontife Romain a accordé, à la Signature apostolique, la faculté lui permettant d'user de sa compétence sur les tribunaux des Eglises orientales selon PB 126.

Simonie n.f. – Intention délibérée d'acheter ou de vendre le sacrement pour un prix temporel, quel qu'en soient le contenu, la valeur ou le montant. C'est un délit dans l'exercice des charges ecclésiastiques.

S'obstiner v.p.- S'entêter, persévérer, refuser d'abandonner.

Simulation, n.m.- Simulation d'administration d'un sacrement : fait de tenter de célébrer un sacrement sans avoir le pouvoir ou la faculté requis.

Sodomie n.f - coït anal.

Solliciter v.t – « Inciter à des choses impudiques ou turpia, par des paroles, des gestes, des attouchements, ou au moyen d'écrits que l'on donne à lire sur le champ ou plus tard ou avoir des conversations ou des projets illicites ou impudiques »(Cons. *Sacramentum poenitentiae* de Benoit XIV, du 01-06-1741.

Sollicitation dans la confession- Le fait de solliciter un pénitent pour pécher contre le sixième commandement du décalogue, avec le solliciteur. L'auteur du délit est le prêtre, pourvu ou non des facultés pour confesser. Il ya aussi délit si le prêtre accepte la provocation du pénitent. La sollicitation doit avoir lieu dans l'acte même, à l'occasion ou sous prétexte de la confession. Délit dans l'exercice des charges ecclésiastiques, le délit de sollicitation est réservé à la congrégation pour la doctrine de la Foi.

Stupre n.m – luxure, débauche honteuse. Viol.

Subornation n.f – Au sens large, la subornation consiste à influencer le témoin pour l'inciter à déposer en faveur d'une partie au détriment de la vérité objective : au sens strict, elle comprend la corruption par l'argent, des cadeaux, des promesses ou d'autres choses de ce genre.

Sub poena reincidentiae - voir onus recurrendi ou réincidence.

Subreption, n.f. - Dissimulation de la vérité.

Substituer v.t - Remplacer.

Substitut n.m - Celui qui peut remplacer en jouant le même rôle.
Substitution n.f. - Action de substituer, de remplacer.

Suicide n.m - acte de se donner soi-même la mort. La tentative de suicide entraîne une irrégularité, c'est-à-dire un empêchement perpétuel pour la réception (can. 1041) et l'exercice de l'ordre reçu (can. 1044).

Suffrage n.m - vote, voix donnés en matière d'élection.

Sujet actif - C'est l'auteur, par exemple, d'une loi ou d'une peine.

Sujet passif - c'est celui qui est soumis à une loi ou à une peine.

Suppléer v.t - ajouter à ce qui manque, compléter.

Suppléer v.t ind Remédier au manque de quelque chose.

Suppliant n.m. - Qui fait une supplique.

Supplique n.f - Requête écrite pour demander une grâce, une faveur (par exemple pour la dispense super rato ou pour la nullité du mariage).

Surseoir v.t ind - Interrompre, différer de tout ou d'une partie de la peine.

Sursis, n.m.- Action de surseoir.

Suspens n.m - Etat de celui qui est frappé de suspense.

Suspense n.f. - censure en vertu de laquelle on interdit aux clercs l'exercice de certains ou de tous les droits qu'ils possèdent en raison du pouvoir d'ordre, de gouvernement ou d'une charge. Etant une peine strictement cléricale, elle peut être totale ou partielle.

Suspensif, Adj.- Qui empêche, jusqu'à nouvel ordre, l'exécution d'une décision administrative ou d'une sentence judiciaire (en matière pénale, le recours et l'appel ont effet suspensif).

Suspension n.f - Cessation momentanée d'un acte, d'un office ; d'un pouvoir, d'une peine…

Suspicion n.f - Défiance. Soupçon. Crainte qu'une partie peut éprouver de voir son procès jugé avec partialité par un tribunal.

T

Taire v.t – Passer sous silence, ne pas déclarer, ne pas mentionner. Par exemple, taire les peines dans la demande de remise : cela peut être de bonne comme de mauvaise foi

Témoin n.m. – personne étrangère au procès et au tribunal, appelée en justice pour qu'elle dépose sur des faits qui relèvent du procès et qu'elle a perçus elle-même.

Témoin corrompu- témoin qui accepte de manquer à la vérité sous l'influence des cadeaux ou des promesses.

Témoignage n.m.- Ensemble d'affirmations faites par un témoin au cours d'un procès selon la procédure prévue par la loi.

Tempérer v.t.- Diminuer, atténuer, adoucir.

Temps fixe légal- Délai établi par la loi sous peine d'extinction des droits.

Tentative de délit- Quand le délit n'a pas été consommé à cause d'un désistement ultérieur volontaire ou parce que les moyens employés n'étaient pas aptes ou étaient insuffisants.

Tentative de mariage- Se dit des clercs. Délit qui consiste à violer la loi du célibat ou du moins une tentative de la violer. C'est un délit contre les obligations spéciales.

Termes du litige - Voir litiscontestation.

Tiers (les)n.m - Toutes les autres personnes étrangères au procès (qui ne sont pas des parties dans la cause qui, au sens strict, sont uniquement le demandeur et le défendeur) et qui n'agissent pas comme plaideurs. Ils ne sont pas concernés par la décision judiciaire qui sera prononcée entre les parties. Toutefois, il peut aussi y avoir des tiers qui ont un intérêt dans la chose objet du litige et qui souhaiteraient intervenir pour protéger leurs propres intérêts ou les intérêts de l'une des parties.

Titre n.m - fondement juridique pour juger concrètement une cause.

Toucheurisme n.m - C'est le fait d'être excité sexuellement par le toucher d'organes génitaux ou d'objets spécifiques. Le toucheurisme n'est en aucun cas une maladie ; c'est juste un mot savant pour les personnes excitées par le toucher.

Transaction n.f - Contrat ou pacte en vertu duquel les parties en litige conviennent d'y mettre fin en retenant ou en promettant chacune quelque chose. C'est un moyen pour éviter le procès. La transaction peut être extrajudiciaire (quand elle est réalisée par les parties, sans l'aide du juge) ou judiciaire (celle qui se produit devant le juge).

Transfert n.m – Type de provision canonique qui contient, implicitement ou explicitement, la révocation de l'office et l'attribution d'un autre.

Transfert pénal- Mutation imposée comme peine à autre office pour un délit commis. Il ne s'agit pas de transfert envisagé par les canons 190 et 191.

Transgresser, v.t.- Violer une loi.

Transgression, n.f. - Le fait de transgresser.

Transport sur les lieux - le juge peut procéder à l'inspection personnelle et directe des choses ou des lieux en rapport avec le procès. Lorsque cette inspection s'effectue en dehors du siège du tribunal, elle est nommée *descente sur les lieux* ; si elle est effectuée au tribunal, on dira *reconnaissance judiciaire*.

Tribunal n.m - Désigne soit le siège matériel d'où se fait le procès ; le palais, le bâtiment, la salle ; soit la juridiction ou la compétence ; soit l'ensemble de personnes qui ont comme office d'administrer la justice

Tuteur n.m - personne chargée de veiller aux intérêts d'un mineur.

U

Usage de la raison – L'usage de la raison est présumé à l'âge de sept ans accomplis (can. 97).

Usage imparfait de la raison

- Il s'agit des cas dans lesquels le délinquant souffre de faiblesse mentale

Usurpation n.f. – Occupation indue d'un office dont on n'a pas le droit ou dont on ne peut prendre possession parce que les formalités ne sont pas requises, soit qu'il n'y a pas eu provision canonique, soit parce que les conditions n'étaient pas remplies, soit que l'office n'était pas vacant. C'est un délit dans l'exercice des charges ecclésiastiques.

V

Vagus n.m – En français « vagabond ». Qui n'a nulle part ni domicile ni quasi domicile. En droit processuel, le for du vagus est celui où il se trouve en ce moment, selon l'aphorisme : « Ubi te invenero, ibi te iudicabo » (Là où je te trouverai, là je te jugerai). Bref, on lui applique le principe de la territorialité absolue.

Validité n.f. – Caractère de ce qui est valide, c'est-à-dire de ce qui n'est pas entaché d'aucune nullité, et donc prêt à avoir ou à produire des effets juridiques.

Venir à résipiscence– Revenir à la raison, reconnaitre une faute avec la volonté de s'amender.

Verosimile quod non est praesumitur falsum – principe juridique selon lequel ce qui n'est pas vraisemblable est présumé faux et vice-versa.

Vice, n.m. - voir Défaut. Défaut affectant une chose, un acte ou une situation juridique dans sa formation ou son origine.

Vices de nullité- Ensemble de défauts ou d'hypothèses qui peuvent rendre nulle une sentence. La nullité peut être remédiable ou irrémédiable en raison de l'importance plus ou moins grande des vices intrinsèques ou extrinsèques qui affectent la sentence.

Viol n.m -Relation sexuelle imposée par la violence ou par la force physique. Le viol est entendu non seulement comme « illicita virginis defloratio », mais aussi comme « mulieris honestae oppressio ». C'est un délit contre le sixième commandement du décalogue.

Vice de forme - Défaut qui rend nul un acte juridique lorsqu'une des formalités légales a été omise (par exemple la procédure). Le vice n'éteint pas l'action ; celle-ci peut être relancée, c'est-à-dire réactivée dans un autre procès.

Viol, n.m. - Fait d'avoir des relations sexuelles avec une femme contre la volonté de celle-ci.

Violence, n.f.- Contrainte physique, par opposition à la crainte qui est une contrainte morale. La violence extrinsèque, ou force extérieure, utilisée pour contraindre quelqu'un à un acte juridique, rend cet acte nul (can. 125§1. C'est le cas du marige conclu sous l'empire de la violence pour défaut de liberté (can. 1103).

Violence sexuelle - Ensemble des infractions constituant une atteinte à l'intégrité des personnes. Un fait de nature à inspirer une crainte telle que la victime donne son consentement à un acte qui, sans cela, elle n'aurait pas accepté.

Violation, n.f.- Transgression

Violer, n.f.- Transgresser, enfreindre (violer la loi pénale).

Violation doctrinale - Délit qui consiste à enseigner avec obstination une doctrine expressément condamnée par le Pontife Romain ou par un concile œcuménique sans être qualifiée d'hérétique. Rejeter avec obstination une doctrine proposée de façon définitive par le Pontife Romain ou le collège des Evêques en matière de foi et de mœurs. C'est un délit contre les autorités ecclésiastiques et la liberté de l'Eglise.

Violation du secret sacramentel - Délit qui consiste à ne pas garder le secret sur les péchés entendus lors de la confession. Cette violation peut être directe (quand le confesseur révèle le péché et le pécheur) ou indirecte (quand on peut déduire des paroles, des gestes ou des omissions du confesseur qui est le pécheur et quel est le péché). Il s'agit d'un délit dans l'exercice des charges, réservé à la Congrégation pour la Doctrine de la foi.

Violation de la liberté de l'Eglise - Délit qui consiste à empêcher la liberté du ministère ecclésiastique, une élection ecclésiastique, l'usage légitime des biens sacrés ou ecclésiastiques ; à entraver le pouvoir ecclésiastique ou à exercer une contrainte sur l'électeur, l'élu ou sur celui qui détient ou exerce un ministère. C'est un délit contre la liberté de l'Eglise.

Vœu n.m - Promesse délibérée et libre faite à Dieu d'un bien meilleur et possible, à accomplir au titre de la vertu de religion. (can. 1191, § 1). Le vœu est public s'il est reçu au nom de l'Eglise par le Supérieur légitime, sinon, il est privé ; il est solennel s'il est reconnu comme tel par l'Eglise, sinon il est simple ; il est personnel si celui qui l'émet promet d'accomplir un acte ; réel s'il promet une chose ; mixte, s'il participe à la fois à la nature du vœu personnel et du vœu réel (can. 1192).

Voie administrative - voie formelle d'imposition de peines. C'est la voie du supérieur. On y recourt que lorsqu'il y a de « causes justes » c'est-à-dire quand l'administration droite et efficace de la justice conseille d'agir ainsi.

Voies de fait - Voir outrage matériel.

Voix active - Droit d'être électeur
Voix passive - Droit d'être élu.

Votum - Evaluation ou avis propre des résultats de l'enquête faite par l'Ordinaire ou le Hiérarque.

Voyeurisme n.m. - Action d'observer le corps entièrement ou partiellement nu d'autres personnes pour obtenir une gratification sexuelle.

Voyeur – Personne qui pratique le voyeurisme.

BIBLIOGRAPHIE SOMMAIRE

I. SOURCES

- *Codex Iuris Canonici*, 1917, texte officiel.
- CONCILE ŒCUMENIQUE VATICAN II, *Constitutions, décrets, déclarations,* édition bilingue latin-français, Paris, Editions du Centurion, 1967.
- *Code de droit canonique de 1983,* édition bilingue latin-français, Paris, Editions Centurion-Cerf-Tardy, 1984.
- JEAN-PAUL II, Lettre apostolique en forme de motu proprio «*Sacramentorum sanctitatis tutela*», au sujet des normes concernant les délits les plus graves réservés à la Congrégation pour la Doctrine de la Foi (30 avril 2001), dans *AAS* 93 (2001), 737-739.
- FRANCOIS, Lettre apostolique en forme de motu proprio *Vos estis lux mundi,* du 7 mai 2019, Rome, 2019.

- FRANCOIS, Lettre apostolique en forme de motu proprio *Comme une mère aimante,* du 7 mai 2019, Rome, 2019.
- CONGREGATION POUR LA DOCTRINE DE LA FOI, *Nouvelles Normes sur les délits les plus graves,* du 15 juillet 2010, dans www.vatican.va
- CONGREGATION POUR LA DOCTRINE DE LA FOI, *Vademecum sur quelques points de procédure dans le traitement des cas d'abus sexuel sur mineur commis par des clercs,* du 16 juillet 2020, dans www.vatican.va
- CONFERENCE EPISCOPALE NATIONALE DU CONGO, *Directives de la Conférence Episcopale Nationale du Congo pour le traitement des cas d'abus sexuels commis par les clercs sur les mineurs,* Editions du Secrétariat Général de la CENCO, Kinshasa, 2013.

II. DICTIONNAIRES

- *Dictionnaire de droit canonique,* publié sous la direction de Raoul NAZ, Letouzey et Ané, 7 volumes, 1935-1965.

- CORNU, G., *Vocabulaire juridique*, 7e édition revue et augmentée avec locutions latines, PUF, Paris, 2005.

- WERCKMEISTER, J., *Petit dictionnaire de droit canonique*, Les Editions du Cerf, Paris, 1993.

III. COMMENTAIRES DU CODE DE DROIT CANONIQUE

- CAPARROS, E. - AUBE, H., *Code de droit canonique bilingue et annoté* (avec la collaboration de J.I. Arrieta et D. Le TOURNEAU), Montréal,
Wilson & Lafleur et Itée, 2003.
- LE TOURNEAU, D., *Manuel de droit canonique*, Collection Gratianus, Montréal, Wilson & Lafleur et Itée, 2010.

D. ETUDE LEXICALE

- OCHOA, X., *Index verborum ac locutionum Codicis iuris canonici*, 2e édition augmentée, Cité du Vatican, 1984.

Structures éditoriales du groupe L'Harmattan

L'Harmattan Italie
Via degli Artisti, 15
10124 Torino
harmattan.italia@gmail.com

L'Harmattan Hongrie
Kossuth l. u. 14-16.
1053 Budapest
harmattan@harmattan.hu

L'Harmattan Sénégal
10 VDN en face Mermoz
BP 45034 Dakar-Fann
senharmattan@gmail.com

L'Harmattan Cameroun
TSINGA/FECAFOOT
BP 11486 Yaoundé
inkoukam@gmail.com

L'Harmattan Burkina Faso
Achille Somé – tengnule@hotmail.fr

L'Harmattan Guinée
Almamya, rue KA 028 OKB Agency
BP 3470 Conakry
harmattanguinee@yahoo.fr

L'Harmattan RDC
185, avenue Nyangwe
Commune de Lingwala – Kinshasa
matangilamusadila@yahoo.fr

L'Harmattan Congo
67, boulevard Denis-Sassou-N'Guesso
BP 2874 Brazzaville
harmattan.congo@yahoo.fr

L'Harmattan Mali
Sirakoro-Meguetana V31
Bamako
syllaka@yahoo.fr

L'Harmattan Togo
Djidjole – Lomé
Maison Amela
face EPP BATOME
ddamela@aol.com

L'Harmattan Côte d'Ivoire
Résidence Karl – Cité des Arts
Abidjan-Cocody
03 BP 1588 Abidjan
espace_harmattan.ci@hotmail.fr

L'Harmattan Algérie
22, rue Moulay-Mohamed
31000 Oran
info2@harmattan-algerie.com

L'Harmattan Maroc
5, rue Ferrane-Kouicha, Talaâ-Elkbira
Chrableyine, Fès-Médine
30000 Fès
harmattan.maroc@gmail.com

Nos librairies en France

Librairie internationale
16, rue des Écoles – 75005 Paris
librairie.internationale@harmattan.fr
01 40 46 79 11
www.librairieharmattan.com

Lib. sciences humaines & histoire
21, rue des Écoles – 75005 Paris
librairie.sh@harmattan.fr
01 46 34 13 71
www.librairieharmattansh.com

Librairie l'Espace Harmattan
21 bis, rue des Écoles – 75005 Paris
librairie.espace@harmattan.fr
01 43 29 49 42

Lib. Méditerranée & Moyen-Orient
7, rue des Carmes – 75005 Paris
librairie.mediterranee@harmattan.fr
01 43 29 71 15

Librairie Le Lucernaire
53, rue Notre-Dame-des-Champs – 75006 Paris
librairie@lucernaire.fr
01 42 22 67 13

www.ingramcontent.com/pod-product-compliance
Lightning Source LLC
LaVergne TN
LVHW021221061026
849535LV00008B/2844